2016年事业单位会计制度讲解

《事业单位会计制度讲解》编委会　编著

图书在版编目（CIP）数据

2016年事业单位会计制度讲解/《事业单位会计制度讲解》编委会编著. —北京：地震出版社，2016.5
ISBN 978-7-5028-4742-5

Ⅰ.①2… Ⅱ.①事… Ⅲ.①单位预算会计－会计制度－中国　Ⅳ.①F810.6

中国版本图书馆 CIP 数据核字（2016）第 062835 号

地震版　XM3780

2016年事业单位会计制度讲解

《事业单位会计制度讲解》编委会　编著

责任编辑：朱　叶
责任校对：舒　霞

出版发行：地震出版社
　　　　　北京市海淀区民族大学南路9号　　　　邮编：100081
　　　　　发行部：68423031　68467993　　　　传真：88421706
　　　　　门市部：68467991　　　　　　　　　传真：68467991
　　　　　总编室：68462709　68423029　　　　传真：68455221
　　　　　证券图书事业部：68426052　68470332
　　　　　http：//www.dzpress.com.cn
　　　　　E-mail：zqbj68426052@163.com
经销：全国各地新华书店
印刷：廊坊市华北石油华星印务有限公司

版（印）次：2016年5月第一版　2016年5月第一次印刷
开本：787×1092　1/16
字数：277千字
印张：13
书号：ISBN 978-7-5028-4742-5/F（5438）
定价：38.00元
版权所有　翻印必究
（图书出现印装问题，本社负责调换）

前　言

　　事业单位经济活动的特殊性及其在我国国民经济中的特殊地位，使得事业单位会计正在成为会计的一个独特的分支。为了规范事业单位的会计核算，保证会计信息质量，适应财政改革和事业单位财务管理改革的要求，财政部于2012年12月颁布了《事业单位会计准则》和《事业单位会计制度》，并自2013年1月1日起施行。在此情况下，准确理解新准则和新制度的内容，做好新旧会计制度衔接工作对于事业单位会计从业人员来说就显得尤为重要。

　　为了帮助事业单位会计从业人员理解新准则和新制度，促进新准则和新制度的有效实施，我们精心编写了《事业单位会计制度讲解》一书。在该书的编写过程中，我们组织了一批长期从事政府及非营利组织会计实务、教学的专家和学者，专门组成事业单位会计制度研究组，研究组成员相互合作，充分结合在事业单位会计学术界和实务界的知识与经验，对事业单位会计理论和实务问题进行了深入、广泛的探讨。以《中华人民共和国会计法》《事业单位会计准则》《事业单位会计制度》和《事业单位财务规则》为依据，以易理解性和实用性为宗旨，设计了本书的内容框架。在介绍事业单位会计基本理论和方法的基础上，还介绍了新旧事业单位会计制度在科目设置和核算的差别，以及事业单位在实际工作中新旧会计制度的衔接问题。

　　本书共分为八章。第一章为总论，主要介绍了事业单位会计制度的修订背景、基本内容、新旧事业单位会计制度变化与衔接；第二章至第七章为事业单位会计核算实务，按照流动资产、非流动资产、负债、净资产、收入、支出的顺序，结合具体例题讲解了各个会计要素及会计科目的确认、计量、记录方法、账务处理与新旧事业单位会计制度的变化与衔接；第八章为事业单位财务会计报告，介绍了事业单位会计报告构成、编制、分析方法以及新旧会计制度财务会计报告的变化。

本书的特点主要有：

（1）严格依据《事业单位会计准则》编写，全面反映《事业单位会计制度》的要求。以《事业单位会计准则》和《事业单位会计制度》为蓝本，对其进行深入的分析，全面详细地介绍了事业单位会计准则和会计制度的内容与具体实务操作。

（2）内容全面。本书在讲解事业单位会计制度的同时，也把《事业单位财务规则》《行政事业单位内部控制规范（试行）》和《新旧事业单位会计制度有关衔接问题的处理规定》相关内容也融合进书中，从而方便了事业单位会计从业人员对于事业单位会计核算的理解和实务操作。

（3）例题紧密联系实际。本书详细地讲解了事业单位会计科目的账务处理，并在账务处理讲解后配有详细且密切结合实际的例题，从而增强了事业单位从业人员对相关账务处理的理解，提高会计人员的实际操作能力。本书既可以用于事业单位会计人员新会计制度的培训，也可以用于事业单位会计人员的学习与提高。

由于新制度实施时间较短，本书的内容还需要不断的充实与完善，编者对新制度的理解可能存在偏差，对于书中存在的不妥之处在所难免，敬请同仁和广大读者不吝指正。

编者

2016年3月

目 录

第一章 总论 ········· 1

第一节 事业单位会计概述 ········· 1
一、事业单位会计制度 ········· 1
二、事业单位会计目标 ········· 2
三、事业单位会计基本假设 ········· 3
四、事业单位会计基础与记账方法 ········· 4

第二节 事业单位会计信息质量要求 ········· 5
一、可靠性 ········· 5
二、完整性 ········· 6
三、及时性 ········· 6
四、可比性 ········· 6
五、相关性 ········· 7
六、明晰性 ········· 7

第三节 事业单位会计要素和会计科目 ········· 7
一、事业单位会计要素 ········· 7
二、事业单位会计科目 ········· 8

第四节 新旧会计制度对比 ········· 10
一、新旧会计制度差别 ········· 10
二、新旧会计制度衔接 ········· 14

第二章 流动资产 ········· 16

第一节 资产概述 ········· 16
一、资产的概念与分类 ········· 16
二、资产的确认和计量 ········· 17
三、资产的管理要求 ········· 18

第二节 货币资金 ········· 19
一、库存现金 ········· 19

二、银行存款 ·· 22
　　三、零余额账户用款额度 ·· 24
第三节　短期投资 ·· 25
　　一、短期投资的概念 ·· 25
　　二、短期投资的账务处理 ·· 26
第四节　应收及预付款项 ··· 27
　　一、财政应返还额度 ·· 27
　　二、应收票据 ·· 29
　　三、应收账款 ·· 30
　　四、预付账款 ·· 32
　　五、其他应收款 ··· 33
第五节　存货 ·· 34
　　一、存货的概念 ··· 34
　　二、存货的账务处理 ·· 35

第三章　非流动资产 ··· 39

第一节　长期投资 ·· 39
　　一、长期股权投资 ·· 39
　　二、长期债券投资 ·· 42
第二节　固定资产 ·· 43
　　一、固定资产的确认 ·· 43
　　二、固定资产的初始和后续计量 ··· 43
　　三、固定资产的处置 ·· 50
第三节　在建工程 ·· 51
　　一、在建工程的概念 ·· 51
　　二、在建工程的账务处理 ·· 51
第四节　无形资产 ·· 52
　　一、无形资产的确认 ·· 52
　　二、无形资产的初始和后续计量 ··· 54
　　三、无形资产的处置 ·· 56
第五节　待处理资产损溢 ··· 57
　　一、待处理资产损溢的概念 ·· 57
　　二、待处理资产损溢的账务处理 ··· 57

第六节　新旧会计制度资产核算的变化 …………………………… 58
　　　一、资产核算的差别 ………………………………………………… 58
　　　二、新旧会计制度的衔接 …………………………………………… 60

第四章　负债

　　第一节　负债概述 …………………………………………………… 62
　　　一、负债的概念与分类 ……………………………………………… 62
　　　二、负债的确认和计量 ……………………………………………… 64
　　　三、负债的管理要求 ………………………………………………… 65
　　第二节　流动负债 …………………………………………………… 65
　　　一、短期借款 ………………………………………………………… 65
　　　二、应缴税费 ………………………………………………………… 66
　　　三、应缴国库款 ……………………………………………………… 69
　　　四、应缴财政专户款 ………………………………………………… 69
　　　五、应付职工薪酬 …………………………………………………… 70
　　　六、应付及预收款项 ………………………………………………… 71
　　第三节　非流动负债 ………………………………………………… 74
　　　一、长期借款 ………………………………………………………… 74
　　　二、长期应付款 ……………………………………………………… 75
　　第四节　新旧会计制度负债核算的变化 …………………………… 76
　　　一、负债核算的差别 ………………………………………………… 76
　　　二、新旧会计制度的衔接 …………………………………………… 76

第五章　净资产

　　第一节　净资产概述 ………………………………………………… 78
　　　一、净资产的概念 …………………………………………………… 78
　　　二、净资产的确认计量 ……………………………………………… 78
　　　三、净资产的管理规定 ……………………………………………… 78
　　第二节　事业基金 …………………………………………………… 79
　　　一、事业基金的概念 ………………………………………………… 79
　　　二、事业基金的账务处理 …………………………………………… 79
　　第三节　非流动资产基金 …………………………………………… 81
　　　一、非流动资产基金的概念 ………………………………………… 81

二、非流动资产基金的账务处理 ·· 81
第四节　专用基金 ·· 83
　　一、专用基金的概念 ··· 83
　　二、专用基金的账务处理 ·· 84
第五节　财政补助结转与结余 ··· 85
　　一、财政补助结转 ··· 85
　　二、财政补助结余 ··· 86
第六节　非财政补助结转结余 ··· 87
　　一、非财政补助结转概念 ·· 87
　　二、非财政补助结转账务处理 ··· 87
第七节　事业结余与经营结余 ··· 88
　　一、事业结余 ··· 88
　　二、经营结余 ··· 90
第八节　新旧会计制度净资产核算的变化 ······································· 91
　　一、净资产核算的差别 ·· 91
　　二、新旧会计制度的衔接 ·· 92

第六章　收入 ··· 93

第一节　收入概述 ·· 93
　　一、收入的概念及内容 ·· 93
　　二、收入的管理要求 ··· 94
第二节　财政补助收入 ··· 95
　　一、财政补助收入的概念 ·· 95
　　二、财政补助收入的账务处理 ··· 97
第三节　事业收入 ·· 98
　　一、事业收入的概念 ··· 98
　　二、事业收入的账务处理 ·· 100
第四节　上级补助收入 ··· 102
　　一、上级补助收入的概念 ·· 102
　　二、上级补助收入的账务处理 ··· 103
第五节　附属单位上缴收入 ·· 103
　　一、附属单位上缴收入的概念 ··· 103
　　二、附属单位上缴收入的账务处理 ·· 104

第六节　经营收入 …… 104
一、经营收入的概念 …… 104
二、经营收入的账务处理 …… 105

第七节　其他收入 …… 106
一、其他收入的概念 …… 106
二、其他收入的账务处理 …… 107

第八节　新旧会计制度收入核算的变化 …… 109
一、收入核算的差别 …… 109
二、新旧会计制度的衔接 …… 110

第七章　支出 …… 111

第一节　支出概述 …… 111
一、支出的概念及内容 …… 111
二、支出的管理要求 …… 112

第二节　事业支出 …… 113
一、事业支出的概念 …… 113
二、事业支出的账务处理 …… 118

第三节　上缴上级支出 …… 120
一、上缴上级支出的概念 …… 120
二、上缴上级支出的账务处理 …… 120

第四节　对附属单位补助支出 …… 121
一、对附属单位补助支出的概念 …… 121
二、对附属单位补助支出的账务处理 …… 121

第五节　经营支出 …… 122
一、经营支出的概念 …… 122
二、经营支出的账务处理 …… 123

第六节　其他支出 …… 124
一、其他支出的概念 …… 124
二、其他支出的账务处理 …… 125

第七节　新旧会计制度支出核算的变化 …… 126
一、支出核算的差别 …… 126
二、新旧会计制度的衔接 …… 127

第八章 财务会计报告 ··· 128

第一节 财务会计报告概述 ··· 128
一、财务会计报告的概念 ·· 128
二、财务会计报告的内容 ·· 128
三、会计报表的审核与汇总 ··· 130
四、财务报告的编制要求 ·· 130

第二节 资产负债表 ·· 131
一、资产负债表概述 ·· 131
二、资产负债表的编制 ··· 132

第三节 收入支出表 ·· 137
一、收入支出表概述 ·· 138
二、收入支出表的编制 ··· 138

第四节 财政补助收入支出表 ·· 143
一、财政补助收入支出表概述 ··· 143
二、财政补助收入支出表的编制 ······································ 144

第五节 附注 ··· 145
一、附注概述 ··· 145
二、附注披露内容 ··· 145

第六节 新旧会计制度财务会计报告的变化 ·························· 146
一、编制 2013 年 1 月 1 日期初资产负债表 ······················· 146
二、事业单位 2013 年度财务报表的编制 ··························· 146

附录：事业单位会计制度 ·· 147

主要参考资料 ·· 197

第一章 总 论

事业单位经济活动的特殊性及其在国民经济中的特殊地位，使得事业单位会计正在形成会计的一个独特的分支。

2012年12月19日财政部发布了新《事业单位会计制度》（财会[2012]22号），自2013年1月1日起施行。原《事业单位会计制度》自1997年发布实施以来，对规范事业单位会计核算工作，保证会计信息质量发挥了积极作用。但是，随着财政改革和事业单位会计管理工作不断发展，客观要求《事业单位会计制度》进行修订：首先，2000年以来，围绕公共财政体制建设，各项财政改革不断推进，很多改革涉及会计核算的调整，对《事业单位会计制度》进行修订有利于确保相关财政改革政策的贯彻落实。其次，2012年2月发布了新的《事业单位财务规则》，对《事业单位会计制度》进行修订，有利于通过日常会计核算将事业单位财务管理新的要求落到实处。三是，修订《事业单位会计制度》是强化事业单位财务会计制度建设、落实全国打击发票违法犯罪活动工作要求的重要措施。

第一节 事业单位会计概述

一、事业单位会计制度

（一）新《事业单位会计制度》的制定目的及依据

1. 新《事业单位会计制度》的制定目的

本次财政部对新《事业单位会计制度》的制定主要是为了规范事业单位的会计核算，保证会计信息质量，以适应公共财政体制深化改革和事业单位改革发展的要求，促进事业单位加强预算管理、财务管理、资产管理和绩效评价。

2. 新《事业单位会计制度》的制定依据

本制度的制定主要依据以下法律、法规和相关规定：

（1）《中华人民共和国会计法》。

《中华人民共和国会计法》第八条规定："国家实行统一的会计制度。国家统一的会计制度由国务院财政部门根据本法制定并公布。"《事业单位会计制度》作为国家统一的会计制度的重要组成部分，其制定必须依据会计法。

（2）《事业单位会计准则》。

本制度作为事业单位会计确认、计量和报告行为的规范，遵循《事业单位会计准则》的相关要求，设置资产、负债、净资产、收入、支出等五大会计要素，并按照其要求对事业单位会计计量和财务报告等方面进行具体规定。

（3）《事业单位财务规则》。

《事业单位财务规则》是规范事业单位的财务行为的指导性文件，有利于加强事业单位财务管理和监督，提高事业单位资金使用效益，保障事业单位健康发展。因此《事业单位会计制度》的制定应当以此作为依据。

（二）新《事业单位会计制度》的适用范围

《事业单位登记管理暂行条例》规定，事业单位是指国家以社会公益为目的，由国家机关举办或者其他组织利用国有资产举办的，从事教育、科技、文化、卫生等活动的社会服务组织。事业单位在组织形式上一般都表现为一定的机构，接受某一个行政部门的领导或者资助，通常分为科研、文化、教育、卫生以及经济建设等几个类别。

新《事业单位会计制度》适用于各级各类事业单位，下列事业单位除外：

（1）纳入企业财务管理体系执行企业会计准则或小企业会计准则的事业单位；

（2）按规定执行《医院会计制度》等行业事业单位会计制度的事业单位。

参照公务员法管理的事业单位对本制度的适用，由财政部另行规定。

二、事业单位会计目标

（一）事业单位会计目标

事业单位会计核算的目标是向会计信息使用者提供与事业单位财务状况、事业成果、预算执行等有关的会计信息，反映事业单位受托责任的履行情况，有助于会计信息使用者进行社会管理、做出经济决策。

新制度首次提出会计核算的两大目标：向会计信息使用者提供与事业单位财务状况、事业成果、预算执行等相关的会计信息；反映事业单位受托责任的履行情况。这一阐述适应了社会主义市场经济条件下社会各方面对事业单位会计信息需求增加的新形势，明确了事业单位会计核算不仅为政府宏观管理及事业单位内部管理服务，而且要考虑更多利益相关者的需要。特别是在事业单位会计核算目标中第一次明确体现了兼顾受托责任和决策有用的原则，充分体现了两者的相互融合，这对于以后制度的进一步改革具有重要指导意义。

（二）事业单位会计信息使用者

事业单位会计信息使用者包括政府及其有关部门、举办（上级）单位、债权人、事业单位自身和其他利益相关者。

三、事业单位会计基本假设

（一）会计主体

事业单位应当对其自身发生的经济业务或者事项进行会计核算。事业单位会计主体，是指事业单位会计确认、计量和报告的空间范围。为了向事业单位会计信息使用者反映单位财务状况、事业成果和预算执行等情况，提供与其决策有用的信息，会计核算和财务报告的编制应该集中于反映特定对象的活动，并将其与其他经济实体作为开展会计确认、计量和报告工作的重要前提。

首先，明确会计主体，才能划定会计所要处理的各项交易或事项的范围。在会计工作中，只有那些影响事业单位本身经济利益的各项交易或者事项才能加以确认、计量和报告，那些不影响其本身经济利益的各项交易或事项则不能加以确认、计量和报告。会计工作中通常所讲的资产、负债的确认、收入的实现、支出或费用的发生，都是针对特定会计主体而言的。

其次，明确会计主体，才能将会计主体的交易或者事项与会计主体所有者的交易或者事项以及其他会计主体的交易或者事项区别开。

（二）持续经营

事业单位会计核算应当以事业单位各项业务活动持续正常地进行为前提。持续经营是指会计核算应当以事业单位各项业务活动持续正常的进行为前提，在可预见的未来将正常的进行下去。事业单位会计准则体系是以事业单位持续经营为前提加以制定和规范的，涵盖了事业单位从始至终整个期间的交易或者事项的会计处理。如果一个事业单位不能持续经营时还假定能够持续经营，并按持续经营基本假设选择会计确认、计量和报告的原则和方法，就不能客观的反应事业单位的财务状况、事业成果和预算执行情况，会误导政府等会计信息使用者的经济决策。

明确持续经营假设的主要意义在于：会计核算以单位持续正常的业务活动为前提，可以使会计原则建立在非清算基础之上，从而为解决很多常见的资产计价和收入确认奠定了基础。

（三）会计分期

事业单位应当划分会计期间、分期结算账目和编制财务报告。会计期间至少分为年度和月度。会计年度、月度等会计期间的起讫日期采用公历日期。

会计分期是指将事业单位持续经营的生产经营活动划分为一个个连续的、长短相同的期间。会计分期的目的在于通过会计期间的划分，将持续经营的生产活动划分为连续、相等的期间，据以结算账目，按期编制财务报告，从而及时地向会计信息使用者提供有关事业单位财务状况、事业成果和预算执行情况的信息。

根据持续经营假设，一个事业单位将按当前的规模和状态持续经营下去。但是，无论是事业单位自身的经营决策还是政府及其有关部门、债权人等的决策都需要及时的信息，都需要将单位持续的经营活动划分为一个个连续的、长短相同的期间，分期确认、计量和报告企业的财务状况、事业成果和预算执行情况。明确会计分期假设意义重大，由于会计分期，才产生了当前与以前期间、以后期间的差别，才使不同类型的会计主体有了记账的基准，进而出现了折旧、摊销等会计处理方法。

（四）货币计量

货币计量是指会计主体在财务会计确认、计量和报告时以货币计量反映会计主体的生产经营活动。事业单位会计核算应当以人民币作为记账本位币。发生外币业务时，应当将有关外币金额折算为人民币金额计量。

在会计的确认、计量和报告过程中之所以选择货币作为基础进行计量，是由货币的本身属性决定的。货币是商品的一般等价物，是衡量一般商品价值的共同尺度，具有价值尺度、流通手段、贮藏手段和支付手段等特点。其他计量单位，如重量、长度、容积、台、件等，只能从一个侧面反映企业的生产经营情况，无法在量上进行汇总和比较；不便于会计计量和经营管理。只有选择货币尺度进行计量，才能充分反映单位的生产经营情况。

《中华人民共和国会计法》规定，会计核算以人民币为记账本位币，发生外币收支的，应当按照中国人民银行公布的当日人民币外汇汇率折算为人民币核算。业务收支以外币为主的，也可以选定某种外币为记账本位币。但编制会计报表时，应该按照编报日期的人民币外汇汇率折算为人民币加以反映。《中华人民共和国预算法》第十一条也规定，预算收入和预算支出以人民币元为计算单位。

明确货币计量假设的主要意义在于：确认了以货币作为统一的计量单位，使会计信息具有可比性，为各项会计核算原则的确立奠定了基础。

四、事业单位会计基础与记账方法

（一）会计核算基础

事业单位会计核算一般采用收付实现制，但部分经济业务或者事项的核算应当按照本制度的规定采用权责发生制。

（二）记账方法

事业单位应当采用借贷记账法记账。

借贷记账法，是以"借"、"贷"作为记账符号，在两个或者两个以上相互联系的账户中，对每一项经济业务以相等的金额进行全面记录的一种复式记账方法。其理论依据为"资产＝负债＋所有者权益"，记账规则为"有借必有贷，借贷必相等"。

借贷记账法有其自身的有点：首先，科学的运用了"借"和"贷"的记账符号，充分体现出资金流动的来龙去脉这一对立统一关系，记账方法体系科学严谨。其次，"有借必有贷，借贷必相等"的记账规则，应用起来十分方便。在编制每笔会计分录时，都能清晰地看出账户之间的对应关系，便于及时检查会计记录的正确性，从而为进一步的会计处理奠定良好的基础。最后，由于每笔会计分录中借贷平衡，为日常的会计处理自检和期末的试算平衡提供了方便。

【例1-1】对于以下业务，在借贷记账法下，应做如下账务处理：

(1) 开出支票从银行提取现金400元。

借：库存现金　　　　　　　　　　　　　　　　　　　　　400

　　贷：银行存款　　　　　　　　　　　　　　　　　　　　　400

(2) 开出本单位的商业票据2 000元，用以偿还应付供应单位的货款。

借：应付账款　　　　　　　　　　　　　　　　　　　　2 000

　　贷：应付票据　　　　　　　　　　　　　　　　　　　　2 000

第二节　事业单位会计信息质量要求

一、可靠性

事业单位应当以实际发生的经济业务或者事项为依据进行会计核算，如实反映各项会计要素的情况和结果，保证会计信息真实可靠。

事业单位的会计信息要有用，必须以可靠为基础，如果财务报告提供的会计信息不可靠，就会给政府等会计信息使用者的决策产生误导甚至损失。为了贯彻可靠性要求，单位应当做到：

(1) 以实际发生的交易或者事项为依据进行确认、计量，将符合会计要素定义及其确认条件的资产、负债、净资产、收入、支出或费用等如实反映在财务报表中，不得根据虚构的、没有发生的或者尚未发生的交易或者事项进行确认、计量和报告。

(2) 在符合重要性和成本效益原则的前提下，保证会计信息的完整性，其中包括应当编报的报表及其辅助内容等应当保持完整，不能随意遗漏或者减少应予披露的信息，与使用者决策相关的有用信息都应当充分披露。

（3）包括在财务报告中的会计信息应当是中立的、无偏的，如果单位在财务报告中为了达到事先设定的结果或效果，通过选择或列示有关会计信息以影响决策和判断的，这样的财务报告信息就不是中立的。

二、完整性

事业单位应当将发生的各项经济业务或者事项统一纳入会计核算，确保会计信息能够全面反映事业单位的财务状况、事业成果、预算执行等情况。

事业单位会计信息的全面性是指提供的会计信息应当反映事业单位在一定时期内各方面的全部经济业务和经营过程，在时间上是连续不断的，在空间上包括各部门各单位的会计信息，在内容上包括事业单位会计要素的各个方面，从而能够全面反映事业单位的财务状况、事业成果和预算执行等情况。

三、及时性

事业单位对于已经发生的经济业务或者事项，应当及时进行会计核算，不得提前或者延后。

会计信息的价值在于帮助所有者或者其他方面做出经济决策，具有时效性。即使是可靠的、相关的会计信息，如果不及时提供，就失去了时效性，对于使用者的效用就大大降低，甚至不再具有实际意义。在会计确认、计量和报告过程中贯彻及时性，一是要求及时收集会计信息，即在经济交易或者事项发生后，及时收集整理各种原始单据或者凭证；二是要求及时处理会计信息，即按照会计准则的规定，及时对经济交易或者事项进行确认或者计量，并编制财务报告；三是要求及时传递会计信息，即按照国家规定的有关时限，及时地将编制的财务报告传递给财务报告使用者，便于及时使用和决策。

在实务中，为了及时提供会计信息，可能需要在有关交易或者事项的信息全部获得之前进行会计处理，这样就满足了会计信息的及时性要求，但可能会影响会计信息的可靠性；反之，如果单位等到与交易或者事项有关的全部信息获得之后再进行会计处理，信息披露可能会由于时效性问题，对于政府等会计信息使用者的有用性大大降低。这就需要在及时性与可靠性之间作相应权衡，以最好地满足政府等会计信息使用者的经济决策需要作为判断标准。

四、可比性

事业单位提供的会计信息应当具有可比性。

同一事业单位不同时期发生的相同或者相似的经济业务或者事项，应当采用一致的会计政策，不得随意变更。确需变更的，应当将变更的内容、理由和对单位财务状况及事业成果的影响在附注中予以说明。

同类事业单位中不同单位发生的相同或者相似的经济业务或者事项，应当采用统一的会计政策，确保同类单位会计信息口径一致，相互可比。

五、相关性

事业单位提供的会计信息应当与事业单位受托责任履行情况的反映、会计信息使用者的管理、决策需要相关，有助于会计信息使用者对事业单位过去、现在或者未来的情况作出评价或者预测。

会计信息质量的相关性要求，需要企业在确认、计量和报告会计信息的过程中，充分考虑使用者的决策模式和信息需要。但是，相关性是以可靠性为基础的，两者之间并不矛盾，不应将两者对立起来。也就是说，会计信息在可靠性前提下，尽可能地做到相关性，以满足事业单位会计信息使用者的决策需要。

六、明晰性

事业单位提供的会计信息应当清晰明了，便于会计信息使用者理解和使用。

事业单位编制财务报告、提供会计信息的目的在于使用，而要使使用者有效使用会计信息，应当能让其了解会计信息的内涵，理解会计信息的内容，这就要求财务报告所提供的会计信息应当清晰明了，易于理解。只有这样，才能提高会计信息的有用性，实现财务报告的目标，满足向事业单位会计信息使用者提供决策有用信息的要求。

第三节　事业单位会计要素和会计科目

一、事业单位会计要素

事业单位会计要素包括资产、负债、净资产、收入和支出。

由于事业单位与企业在运行方式、运行结果上存在本质区别，所以两者在会计要素的构成上也存在差异。由于两者的资产和负债在本质上基本趋同，所以，下面仅对其他要素的区别进行分析。

（一）净资产

事业单位净资产是指预算会计所特有的、产权单一的政府与非营利组织拥有的资产净值。与事业单位净资产相对应的企业会计要素是所有者权益，是指投资者对企业净资产所享有的权益。

（二）收入与支出

事业单位的收入，是指本单位依法从国家财政部门、上级单位或其他单位取得的非偿还性资产，其资金的主要来源为财政拨款。企业的收入是指企业经营活动中形成的、能够导致所有者权益增加且与所有者资本投入无关的资金流入，其资金的主要来源为企业在销售产品或者提供劳务过程中而产生的。事业单位的支出是指用于开展业务活动和其他活动所发生的资金耗费和损失，其目的是实现事业单位职能。企业的费用是指企业为了日常经营活动而发生的资金流出，其目的是取得收入，获取更大的经济利益。

（三）利润

利润是企业在一定会计期间内所取得的经营成果。利润是企业特有的会计要素，是根据企业自身具有营利性质而设置的要素；而事业单位属于非营利性组织，所以没有这一会计要素。

二、事业单位会计科目

（一）会计科目运用

（1）事业单位应当按照本制度的规定设置和使用会计科目。在不影响会计处理和编报财务报表的前提下，可以根据实际情况自行增设、减少或合并某些明细科目。

（2）本制度统一规定会计科目的编号，以便于填制会计凭证、登记账簿、查阅账目，实行会计信息化管理。事业单位不得打乱重编。

（3）事业单位在填制会计凭证、登记会计账簿时，应当填列会计科目的名称，或者同时填列会计科目的名称和编号，不得只填列科目编号，也要填列科目名称。

（二）会计科目名称和编号

表 1-1　事业单位会计科目名称和编号

序号	科目编号	科目名称
一、资产类		
1	1001	库存现金
2	1002	银行存款
3	1011	零余额账户用款额度
4	1101	短期投资
5	1201	财政应返还额度
	120101	财政直接支付
	120102	财政授权支付
6	1211	应收票据
7	1212	应收账款
8	1213	预付账款

续表

序号	科目编号	科目名称
9	1215	其他应收款
10	1301	存货
11	1401	长期投资
12	1501	固定资产
13	1502	累计折旧
14	1511	在建工程
15	1601	无形资产
16	1602	累计摊销
17	1701	待处置资产损溢
二、负债类		
18	2001	短期借款
19	2101	应缴税费
20	2102	应缴国库款
21	2103	应缴财政专户款
22	2201	应付职工薪酬
23	2301	应付票据
24	2302	应付账款
25	2303	预收账款
26	2305	其他应付款
27	2401	长期借款
28	2402	长期应付款
三、净资产类		
29	3001	事业基金
30	3101	非流动资产基金
	310101	长期投资
	310102	固定资产
	310103	在建工程
	310104	无形资产
31	3201	专用基金
32	3301	财政补助结转
	330101	基本支出结转
	330102	项目支出结转

续表

序号	科目编号	科目名称
33	3302	财政补助结余
34	3401	非财政补助结转
35	3402	事业结余
36	3403	经营结余
37	3404	非财政补助结余分配
四、收入类		
38	4001	财政补助收入
39	4101	事业收入
40	4201	上级补助收入
41	4301	附属单位上缴收入
42	4401	经营收入
43	4501	其他收入
五、支出类		
44	5001	事业支出
45	5101	上缴上级支出
46	5201	对附属单位补助支出
47	5301	经营支出
48	5401	其他支出

第四节 新旧会计制度对比

一、新旧会计制度差别

(一) 总体对比

新《事业单位会计制度》的实施可以全面准确反映行政单位财务状况和预算执行情况，进一步提高会计信息质量。

1. 会计制度制定的目的更加明确

规章制度的设计目的主要在于规范特定行为的合规性，保护秩序，满足行为的预期性。旧会计制度的目的是"贯彻《事业单位会计准则》，规范事业单位会计核算"；新

《事业单位会计制度》使事业单位会计制度的目的更加明确，规范事业单位的会计核算，保证会计信息质量。

2. 规范了事业单位财务报告体系

根据会计核算程序，任何单位会计核算的最终归结点是提供财务报告，以全面反映单位的运营活动的最终结果。旧会计制度规定了事业单位的报表主要包括资产负债表和收入支出表、附表和会计报表附注和专项资金收支情况表，没有规定事业单位的财务报告体系的组成部分。新会计制度则规定"事业单位的财务报表由会计报表及其附注构成。会计报表包括资产负债表、收入支出表和财政补助收入支出表。"

3. 使用范围的改变

新旧制度都明确规定，本制度将适用于我国各级各类事业单位的财务活动。然而，根据我国2011年发布的《关于分类推进事业单位改革的指导意见》，我国事业单位的划分需按照政事分开、事企分开的原则，按照社会功能划分为三个类别，即从事公益服务的事业单位、从事生产经营活动的事业单位、承担行政职能的事业单位。《指导意见》中明确规定，我国政府今后将不再对后两者类型的事业单位（从事生产经营活动的事业单位、承担行政职能的事业单位）进行批准设立。也就是说，属于行政机构的事业单位或者转为企业类型的事业单位将不再执行新《事业单位会计制度》。

4. 资产相关改变

我国《事业单位国有资产管理暂行办法》明确规定资产管理要与预算管理相结合。新《事业单位会计制度》中规定，核定财政定额或定项补助时，以事业单位资产配置情况作为主要依据。有利于事业单位国有资产管理与预算管理的协调配合。

此外，新制度对资产的概念和特征还进行了进一步明确，对资产分类和固定资产标注进行了相关调整。同时，对对外投资行为进行了严格限定，资产管理的相关内容也有所增加。

5. 收入相关改变

关于收入部分，新制度将原有的"财政补助收入"修改为"事业单位从同级财政部门取得的各类财政拨款"，并且对两个方面进行了重点明确：其一，财政部门拨款强调了"同级"概念，有效规避了对非同级财政部门拨款的重复计算问题；其二，用"各类财政拨款"代替原有的"各类事业经费"。新制度扩大了事业单位收入范围，将住房改革、社会保障、基本建设等财政拨款统一纳入了收入范围，使得事业单位收入的内容更完整与全面。

6. 支出相关改变

（1）改变了原有事业支出的概念与内容。

新制度对事业支出范围进行了扩充，将住房支出、基本建设支出、社会保障支出等所有支出项目全部纳入其中。同时，新制度还对事业单位支出进行了重新分类，分为基本支出和项目支出。另外,《事业单位会计准则》通过新增条文,明确规定事业单位应对单位的各项支出纳入统一预算,并且对支出管理制度进行完善。

(2) 原有支出分类基础上新增"其他支出"。

新制度在原有支出分类基础上,新增加了"其他支出",改变了原有的支出分类无法对事业单位支出不足进行全面反映的问题,能够对捐赠支出、利息支出等进行充分且正确的反映。

(二) 具体科目对比

表1-2 新旧事业单位会计科目名称和编号对比

序号	新事业单位会计制度会计科目		旧事业单位会计制度会计科目	
	编号	名称	编号	名称
一、资产类				
1	1001	库存现金	101	现金
2	1002	银行存款	102	银行存款
3	1011	零余额账户用款额度	103	零余额账户用款额度
4	1101	短期投资	117	对外投资
5	1401	长期投资		
6	1201	财政应返还额度	125	财政应返还额度
	120101	财政直接支付		财政直接支付
	120102	财政授权支付		财政授权支付
7	1211	应收票据	105	应收票据
8	1212	应收账款	106	应收账款
9	1213	预付账款	108	预付账款
10	1215	其他应收款	110	其他应收款
11	1301	存货	115	材料
			116	产成品
			509	成本费用
12	1501	固定资产	120	固定资产
13	1502	累计折旧		
14	1511	在建工程		
15	1601	无形资产	124	无形资产
16	1602	累计摊销		
17	1701	待处理资产损溢		

续表

序号	新事业单位会计制度会计科目		旧事业单位会计制度会计科目	
	编号	名称	编号	名称
二、负债类				
18	2001	短期借款	201	借入款项
19	2401	长期借款		
20	2101	应缴税费	210	应交税金
21	2102	应缴国库款	208	应缴预算款
22	2103	应缴财政专户款	209	应缴财政专户款
23	2201	应付职工薪酬	211	应付工资（离退休费）
			212	应付地方（部门）津贴补贴
			213	应付其他个人收入
24	2301	应付票据	202	应付票据
25	2302	应付账款	203	应付账款
26	2303	预收账款	204	预收账款
27	2305	其他应付款	207	其他应付款
28	2402	长期应付款		
三、净资产类				
29	3001	事业基金	301	事业基金——一般基金
30	3101	非流动资产基金		
	310101	长期投资	301	事业基金——投资基金
	310102	固定资产	302	固定基金
	310103	在建工程		
	310104	无形资产		
31	3201	专用基金	303	专用基金
32	3301	财政补助结转		
	330101	基本支出结转		
	330102	项目支出结转		
33	3302	财政补助结余		
34	3401	非财政补助结转	404	拨入专款
	502	拨出专款		
	503	专款支出		

续表

序号	新事业单位会计制度会计科目		旧事业单位会计制度会计科目	
	编号	名称	编号	名称
35	3402	事业结余	306	事业结余
36	3403	经营结余	307	经营结余
37	3404	非财政补助结余分配	308	结余分配
四、收入类				
38	4001	财政补助收入	401	财政补助收入
39	4101	事业收入	405	事业收入
40	4201	上级补助收入	403	上级补助收入
41	4301	附属单位上缴收入	412	附属单位缴款
42	4401	经营收入	409	经营收入
43	4501	其他收入	413	其他收入
五、支出类				
44	5001	事业支出	501	拨出经费
			504	事业支出
			520	结转自筹基建
45	5101	上缴上级支出	516	上缴上级支出
46	5201	对附属单位补助支出	517	对附属单位补助
47	5301	经营支出	505	经营支出
			512	销售税金
48	5401	其他支出		

二、新旧会计制度衔接

（1）自2013年1月1日起，事业单位应当严格按照新制度的规定进行会计核算和编报财务报表。

（2）事业单位应当按照本规定做好新旧制度的衔接，相关工作包括以下几个方面：

①根据原账编制2012年12月31日的科目余额表。

②按照新制度设立2013年1月1日的新账。

③将2012年12月31日原账科目余额按照本规定进行调整（包括新旧结转调整和基建并账调整），按调整后的科目余额编制科目余额表，作为新账各会计科目的期初余额。上述"原账中各会计科目"指原制度规定的会计科目，以及参照财政部印发的相关补充

规定增设的会计科目。

④根据新账各会计科目期初余额，按照新制度编制2013年1月1日期初资产负债表。

（3）及时调整会计信息系统。事业单位应当对原有会计核算软件和会计信息系统进行及时更新和调试，正确实现数据转换，确保新旧账套的有序衔接。

第二章 流动资产

第一节 资产概述

一、资产的概念与分类

（一）资产的概念

资产是指事业单位占有或者使用的能以货币计量的经济资源，包括各种财产、债权和其他权利。

将一项资源确认为资产，需要符合资产的定义，还应同时满足以下两个条件：

1. 与该资源有关的经济利益很可能流入事业单位

从资产的定义来看，能够带来经济利益是资产的一个本质特征，但是在现实生活中，由于经济环境瞬息万变，与资源有关的经济利益是否流入事业单位或者能够流入多少实际上带有不确定性。因此，资产的确认还应与经济利益流入的不确定性程度的判断结合起来。如果根据编制财务报表时所取得的证据，与资源有关的经济利益很可能流入事业单位，那么就应该将其作为资产予以确认；反之，则不能确认为资产。

2. 该资源的成本或者价值能够可靠的计量

只有当有关资源的成本或者价值能够可靠的计量时，资产才能予以确认。在实务中，事业单位取得的许多资产都是发生了实际成本的。

（二）资产的分类

资产按不同的标准可进行不同的分类，例如，按其是否具有实务形态，可以分为有形资产和无形资产；按其流动性可分为流动资产和非流动资产；按其与货币的关系，可分为货币性资产和非货币性资产；按其来源，可分为自有资产和租入资产等。在事业单位会计中，资产通常是按照流动性进行分类的。

事业单位的资产按照流动性，分为流动资产和非流动资产。流动资产是指预计在1年内（含1年）变现或者耗用的资产。非流动资产是指流动资产以外的资产。

1. 流动资产

事业单位的流动资产包括货币资金、短期投资、应收及预付款项、存货等。

货币资金包括库存现金、银行存款、零余额账户用款额度等。

短期投资是指事业单位依法取得的，持有时间不超过1年（含1年）的投资。

应收及预付款项是指事业单位在开展业务活动中形成的各项债权，包括财政应返还额度、应收票据、应收账款、其他应收款等应收款项和预付账款。

存货是指事业单位在开展业务活动及其他活动中为耗用而储存的资产，包括材料、燃料、包装物和低值易耗品等。

2. 非流动资产

事业单位的非流动资产包括长期投资、在建工程、固定资产、无形资产等。

长期投资是指事业单位依法取得的，持有时间超过1年（不含1年）的各种股权和债权性质的投资。

在建工程是指事业单位已经发生必要支出，但尚未完工交付使用的各种建筑（包括新建、改建、扩建、修缮等）和设备安装工程。

固定资产是指事业单位持有的使用期限超过1年（不含1年），单位价值在规定标准以上，并在使用过程中基本保持原有物质形态的资产，包括房屋及构筑物、专用设备、通用设备等。单位价值虽未达到规定标准，但是耐用时间超过1年（不含1年）的大批同类物资，应当作为固定资产核算。

无形资产是指事业单位持有的没有实物形态的可辨认非货币性资产，包括专利权、商标权、著作权、土地使用权、非专利技术等。

二、资产的确认和计量

事业单位的资产应当按照取得时的实际成本进行计量。除国家另有规定外，事业单位不得自行调整其账面价值。

（一）以支付对价方式取得的资产

以支付对价方式取得的资产，应当按照取得资产时支付的现金或者现金等价物的金额，或者按照取得资产时所付出的非货币性资产的评估价值等金额计量。

（二）取得资产时没有支付对价的

取得资产时没有支付对价的，其计量金额应当按照有关凭据注明的金额加上相关税费、运输费等确定；没有相关凭据的，其计量金额比照同类或类似资产的市场价格加上相关税费、运输费等确定；没有相关凭据、同类或类似资产的市场价格也无法可靠取得的，所取得的资产应当按照名义金额入账，名义金额一般为元。

在事业单位的生产经营活动中，资产实际上始终处于变动中，从会计核算角度需要明确其金额的确定基础，也就是计量属性。企业会计准则规定会计计量属性主要包括历史成本、重置成本、可变现净值、现值和公允价值。事业单位在对会计要素进行计量时，一般应当采用历史成本。

在取得资产时，按照实际发生的成本作为历史成本。支出可能表现为现金形式，可能表现为非现金形式，如通过资产交换取得的某项资产，其历史成本应按照所交换资产的市场价格或评估价值确定。支出既包括货款，也包括按照税法规定不可抵扣的相关税费。

在持有资产期间，资产的增值或者减值在会计上不进行调整，仍维持取得时的历史成本金额。

应收及预付款项应当按照实际发生额计量。应收及预付款项按照实际发生额入账，即在实务中，事业单位应当根据合同、协议、发票等凭证列示的金额记录应收款项或预付款项。

三、资产的管理要求

（一）资产管理总体要求

事业单位应当建立健全单位资产管理制度，加强和规范资产配置、使用和处置管理，维护资产安全完整，保障事业健康发展。事业单位应当按照科学规范、从严控制、保障事业发展需要的原则合理配置资产。资产处置应当遵循公开、公平、公正和竞争、择优的原则，严格履行相关审批程序；出租、出借资产，应当按照国家有关规定经主管部门审核同意后报同级财政部门审批。事业单位应当提高资产使用效率，按照国家有关规定实行资产共享、共用。

（二）资产管理具体规定

1. 存货管理

事业单位应当建立健全现金及各种存款的内部管理制度，对存货进行定期或者不定期的清查盘点，保证账实相符。对存货盘盈、盘亏应当及时处理。

2. 固定资产管理

事业单位应当对固定资产进行定期或者不定期的清查盘点。年度终了前应当进行一次全面清查盘点，保证账实相符。行业事业单位的固定资产明细目录由国务院主管部门制定，报国务院财政部门备案。

3. 在建工程管理

在建工程达到交付使用状态时，应当按照规定办理工程竣工财务决算和资产交付使用。

4. 无形资产管理

事业单位转让无形资产，应当按照有关规定进行资产评估，取得的收入按照国家有关规定处理。事业单位取得无形资产发生的支出，应当计入事业支出。

5. 对外投资管理

事业单位应当严格控制对外投资。在保证单位正常运转和事业发展的前提下，按照国家有关规定可以对外投资的，应当履行相关审批程序。事业单位不得使用财政拨款及其结余进行对外投资，不得从事股票、期货、基金、企业债券等投资，国家另有规定的除外。

事业单位以非货币性资产对外投资的，应当按照国家有关规定进行资产评估，合理确定资产价值。

第二节　货币资金

货币资金，属于流动资产，包括库存现金、银行存款和零余额账户用款额度等。它是事业单位中最活跃的资金，流动性最强，是事业单位重要的支付手段和流通手段，因而也是流动资产的审查重点。

货币资金是指可以立即投入流通，用以购买商品或者劳务或用以偿还债务的交换媒介。在流动资产中，货币资金是流动性最强，控制风险最高，并且是唯一能够直接转化为其他任资产形式的流动性资产，也是唯一能代表单位现实购买力水平的资产。为了确保生产经营活动的正常进行，事业单位必须拥有一定数量的货币资金，以便购买材料、缴纳税金、发放工资、支付利息及股利或者进行投资等。事业单位所拥有的货币资金量是分析判断单位偿债能力与支付能力的重要指标。

一、库存现金

库存现金是存放在事业单位会计部门的现金，主要用于事业单位的日常零星开支。

（一）库存现金管理要求

事业单位应当严格按照国家有关现金管理的规定收支现金，并按照本制度规定核算现金的各项收支业务。

1. 现金使用范围

根据国务院颁发的《现金管理暂行条例》的规定，各单位可以在下列范围内使用现金：职工工资、津贴；个人劳务报酬；根据国家规定颁发给个人的科学技术、文化艺术、体育等各种奖金；各种劳保、福利费用以及国家的对个人的其他支出；向个人收购农副产品和其他物资的款项；出差人员必须随身携带的差旅费；结算起点（1000元人民币）以下的零星支出；中国人民银行确定需要支付现金的其他支出。

2. 现金收付

事业单位办理任何现金收支，都必须以合法的原始凭证为依据。收付现金的各种原始单据，应根据各单位的具体情况，指定专门人员进行审核，出纳人员按月连续编号，作为现金出纳账的顺序号。出纳人员付出现金后，应当在原始单据上加盖"现金付讫"戳记，并在当天入账，不得以借据抵现金入账。收到现金后，属于各项收入的现金，都应当开给对方收款收据。属于暂付款结算后交回的多余现金，使用借款三联单的由会计人员退还原借据副联，出纳人员不给对方另开收据；不适用借款三联单的，由出纳人员给另开收据。

3. 现金的限额

为了既保证各单位使用现金的需要，又防止积压现金和保障现金的安全，银行对各单位核定了库存现金限额。各单位的库存现金必须经开户银行核定，除核定的库存现金以外，其余必须存入开户银行，不得自行保留。库存现金限额由单位提出计划，经开户银行审查同意，一般不超过3天零星支付所需现金。边远地区和交通不便地区的单位，可以多于5天，但不得超过15天的日常零星开支。各单位超过库存现金核准的限额，应及时送存银行。需要调整库存现金限额时，应再向开户行申请报批。

4. 不得坐支现金

以本单位收入的现金直接支付自己的支出，叫做坐支。按有关规定，事业单位每天收入的现金，必须当天送存银行，不能直接支用，不许任意支用，因特殊情况需要坐支现金的，应事先报开户行审查批准，由开户行核定坐支范围和限额，坐支单位应定期向银行报送坐支金额和使用情况。

5. 现金库存情况

收付现金要及时入账，每天业务终了要结出余额，做到日清月结，账款相符，不得以借据或白条抵库。出纳人员在将账面库存与实际库存核对时，如发现长款或者短款，应及时查明原因，作出处理。

6. 职务分离

为了保证现金安全，防止各类错误、欺诈的发生，现金的收付、结算、审核、登记等工作不得由一人兼管。现金收付业务量较大、条件较好的单位，应当单独设置现金出纳员，专门负责现金的收付工作，并登记现金出纳账；现金收付业务量不大、条件不具备的单位，应确定专人兼管现金出纳工作。现金出纳人员不得兼管收入费用、债权债务的登记工作，不得兼任稽核和档案保管工作，会计、出纳分开，实行会计管账不管钱，出纳管钱不管账，是各单位加强内部控制的重要制度。

7. 现金收支的内部控制

办理任何现金收支，都必须以合法的原始凭证为依据。收付现金的各种原始单据，应根据各单位的具体情况，指定专人进行审核，出纳员按月连续编号，作为现金出纳账的顺序号。

出纳付出现金后,应当在原始单据上加盖"现金付讫"戳记,并在当天入账,不准以借据抵现金不入账。收到现金后,属于各项收入的现金,都应开给对方收据。一切现金收入必须当天入账,尽可能在当天存入银行,不能当天存入银行的,应于次日上午送存银行。

8. 外币管理

事业单位有外币现金的,应当分别按照人民币、各种外币设置"现金日记账"进行明细核算。

(二) 账务处理

(1) 从银行等金融机构提取现金,按照实际提取的金额,借记"库存现金"科目,贷记"银行存款"等科目;将现金存入银行等金融机构,按照实际存入的金额,借记"银行存款"等科目,贷记"库存现金"科目。

(2) 因内部职工出差等原因借出的现金,按照实际借出的现金金额,借记"其他应收款"科目,贷记"库存现金"科目;出差人员报销差旅费时,按照应报销的金额,借记有关科目,按照实际借出的现金金额,贷记"其他应收款"科目,按其差额,借记或贷记"库存现金"科目。

(3) 因开展业务等其他事项收到现金,按照实际收到的金额,借记"库存现金"科目,贷记有关科目;因购买服务或商品等其他事项支出现金,按照实际支出的金额,借记有关科目,贷记"库存现金"科目。

(4) 事业单位应当设置"现金日记账",由出纳人员根据收付款凭证,按照业务发生顺序逐笔登记。每日终了,应当计算当日的现金收入合计数、现金支出合计数和结余数,并将结余数与实际库存数核对,做到账款相符。

每日账款核对中发现现金溢余或短缺的,应当及时进行处理。如发现现金溢余,属于应支付给有关人员或单位的部分,借记"库存现金"科目,贷记"其他应付款"科目;属于无法查明原因的部分,借记"库存现金"科目,贷记"其他收入"科目。如发现现金短缺,属于应由责任人赔偿的部分,借记"其他应收款"科目,贷记"库存现金"科目;属于无法查明原因的部分,报经批准后,借记"其他支出"科目,贷记"库存现金"科目。

现金收入业务较多、单独设有收款部门的事业单位,收款部门的收款员应当将每天所收现金连同收款凭据等一并交财务部门核收记账;或者将每天所收现金直接送存开户银行后,将收款凭据及向银行送存现金的凭证等一并交财务部门核收记账。

(5)"库存现金"科目期末借方余额,反映事业单位实际持有的库存现金。

【例2-1】某事业单位3月份发生与现金有关的经济业务如下:

销售商品取得现金收入100元,增值税率17%,计17元。

```
借：库存现金                                              117
    贷：经营收入                                           100
        应缴税费——应交增值税（销项税额）                    17
```

【例2-2】某事业单位20×3年4月份发生与现金有关的经济业务如下：

(1) 4月5日，办公室工作人员王某出差借用现金300元。

```
借：其他应收款——王某                                    300
    贷：库存现金                                          300
```

(2) 4月12日，办公室工作人员王某报销差旅费200元，并归还剩余100元。

```
借：事业支出                                              200
    库存现金                                              100
    贷：其他应收款——王某                                  300
```

二、银行存款

银行存款是指事业单位存入银行或其他金融机构账户上的货币，包括人民币存款和外币存款两种。事业单位的货币资金，除不超过库存现金限额的少量现金外，其余都必须存入银行。货币资金的收付，除国家规定可以用于现金办理的结算外，其余都必须通过银行办理转账结算。银行转账结算就是由银行将结算款项从付款单位的存款账户划拨到收款单位的存款账户。因此，各单位应按规定在银行开立存款账户。

按照《支付结算办法》规定，事业单位应在银行开立账户，以办理存款、取款和转账等结算。各单位在办理银行存款开户时，应按银行规定填写"开户申请表"，经上级主管部门或同级财政机关审核同意后，连同盖有单位公章和有权支配款项的个人名章的印鉴卡片一并送开户行，再经银行审查同意后方可开户。事业单位在银行开户后，即可通过银行与其他事业单位办理结算。

（一）银行存款管理原则

各开户单位应加强对银行存款户的管理，通过银行存款户办理资金收付时，必须切实遵守银行规定的下述管理原则：

(1) 认真贯彻执行国家的政策、法令，严格遵守国家银行的各项结算制度和现金管理制度，接受银行监督。

(2) 银行存款户只供本单位使用，不准出租、出借、套用或转让给其他单位或者个人使用。

(3) 银行存款户必须有足够的资金保证支付，加强支票管理，不准签发空头支票和其他远期支付的凭证。

(4) 各种收支款项的凭证，必须如实填明款项的来源或用途，不得巧立名目、弄虚作假、套取现金、套购物资，严禁利用账户搞非法活动。

（5）重视与银行的对账工作，认真及时地与银行寄送的对账单进行核对，保证账账相符、账证相符。如果银行存款日记账余额与银行对账单的余额不符，要及时与银行核对清楚，查明原因。

（6）中国人民银行总行发布的《支付结算办法》规定，现行结算方式包括：支票、银行汇票、银行本票、商业汇票、汇兑、委托收款、托收承付七种结算方式。事业单位发生的大量资金收付业务，可根据《支付结算办法》的规定，通过上述七种结算方式进行结算。

（二）银行存款账务处理

（1）将款项存入银行或其他金融机构，借记本科目，贷记"库存现金"、"事业收入"、"经营收入"等有关科目。

（2）提取和支出存款时，借记有关科目，贷记本科目。

（3）事业单位发生外币业务的，应当按照业务发生当日（或当期期初，下同）的即期汇率，将外币金额折算为人民币记账，并登记外币金额和汇率。

期末，各种外币账户的外币余额应当按照期末的即期汇率折算为人民币，作为外币账户期末人民币余额。调整后的各种外币账户人民币余额与原账面人民币余额的差额，作为汇兑损益计入相关支出。

①以外币购买物资、劳务等，按照购入当日的即期汇率将支付的外币或应支付的外币折算为人民币金额，借记有关科目，贷记本科目、"应付账款"等科目的外币账户。

②以外币收取相关款项等，按照收取款项或收入确认当日的即期汇率将收取的外币或应收取的外币折算为人民币金额，借记本科目、"应收账款"等科目的外币账户，贷记有关科目。

③期末，根据各外币账户按期末汇率调整后的人民币余额与原账面人民币余额的差额，作为汇兑损益，借记或贷记本科目、"应收账款"、"应付账款"等科目，贷记或借记"事业支出"、"经营支出"等科目。

（4）事业单位应当按开户银行或其他金融机构、存款种类及币种等，分别设置"银行存款日记账"，由出纳人员根据收付款凭证，按照业务的发生顺序逐笔登记，每日终了应结出余额。

（5）"银行存款日记账"应定期与"银行对账单"核对，至少每月核对一次。月度终了，事业单位银行存款账面余额与银行对账单余额之间如有差额，必须逐笔查明原因并进行处理，按月编制"银行存款余额调节表"，调节相符。单位账面余额与银行对账单余额产生差额的原因：一是双方记账可能有错误；二是存在未达账项。未达账项是指因凭证在传递过程中，造成单位与银行之间入账时间不一致，一方已入账而另一方尚未入账的账项。产生未达账项的原因有以下几种情况：

①银行已收款入账，而单位尚未收款入账；

②银行已付款入账，而单位尚未付款入账；

③ 单位已付款入账，而银行尚未付款入账；

④ 单位已收款入账，而银行尚未收款入账。

对未达账项进行调节的方法是将本单位的"银行存款"的余额和"银行对账单"的余额各自加进对方已收而本单位未收的未达账项，减去对方已付而本单位未付的未达账项以后，检查两方余额是否相等。在实际工作中，对未达账项的调整是通过编制银行存款余额调节表进行的。

（6）本科目期末借方余额，反映事业单位实际存放在银行或其他金融机构的款项。

【例 2-3】某事业单位发生如下银行存款收入业务：

（1）销售商品收到销货款 10 000 元，增值税 1 700 元。其会计分录为：

借：银行存款　　　　　　　　　　　　　　　　　　　　　11 700
　　贷：经营收入　　　　　　　　　　　　　　　　　　　　10 000
　　　　应缴税费——应交增值税（销项税额）　　　　　　　1 700

（2）开出转账支票支付购买办公用品款计 1 000 元。其会计分录为：

借：事业支出　　　　　　　　　　　　　　　　　　　　　　1 000
　　贷：银行存款　　　　　　　　　　　　　　　　　　　　1 000

三、零余额账户用款额度

零余额账户是指财政部门为事业单位在商业银行开设的账户，用于财政直接支付和财政授权支付及清算。

（一）零余额账户用款额度管理原则

财政部零余额账户用于财政直接支付。该账户每日发生的支付，于当日营业终了前与国库单一账户清算；营业中单笔支付额 5000 万（含 5000 万）元人民币以上的，应及时与国库单一账户清算。财政部零余额账户在国库会计中使用。

预算单位零余额账户用于财政授权支付。该账户每日发生的支付，于当日营业终了前由代理银行在财政部批准的用款额度内与国库单一账户清算；营业中单笔支付额 5000 万（含 5000 万）元人民币以上的，应及时与国库单一账户清算。财政授权的转账业务一律通过预算单位零余额账户办理。预算单位零余额账户在事业单位会计中使用。

（二）零余额账户用款额度账务处理

（1）在财政授权支付方式下，收到代理银行盖章的"授权支付到账通知书"时，根据通知书所列数额，借记本科目，贷记"财政补助收入"科目。

（2）按规定支用额度时，借记有关科目，贷记本科目。

（3）从零余额账户提取现金时，借记"库存现金"科目，贷记本科目。

（4）因购货退回等发生国库授权支付额度退回的，属于以前年度支付的款项，按照退回金额，借记本科目，贷记"财政补助结转"、"财政补助结余"、"存货"等有关科目；属于本年度支付的款项，按照退回金额，借记本科目，贷记"事业支出"、"存货"等有关科目。

（5）年度终了，依据代理银行提供的对账单作注销额度的相关账务处理，借记"财政应返还额度——财政授权支付"科目，贷记本科目。事业单位本年度财政授权支付预算指标数大于零余额账户用款额度下达数的，根据未下达的用款额度，借记"财政应返还额度——财政授权支付"科目，贷记"财政补助收入"科目。

下年初，事业单位依据代理银行提供的额度恢复到账通知书作恢复额度的相关账务处理，借记本科目，贷记"财政应返还额度——财政授权支付"科目。事业单位收到财政部门批复的上年末未下达零余额账户用款额度的，借记本科目，贷记"财政应返还额度——财政授权支付"科目。

（6）本科目期末借方余额，反映事业单位尚未支用的零余额账户用款额度。本科目年末应无余额。

【例 2-4】 某事业单位发生如下业务：

（1）收到零余额账户的代理银行转来的财政授权支付到账通知书，反映该事业单位获得财政授权支付额度为500 000元。该事业单位编制如下会计分录：

借：零余额账户用款额度　　　　　　　　　　　　　　500 000
　　贷：财政补助收入　　　　　　　　　　　　　　　　　　500 000

（2）通过零余额账户购买了一批办公用品，共计500 000元，已经验收入库。该事业单位应编制如下会计分录：

借：存货　　　　　　　　　　　　　　　　　　　　500 000
　　贷：零余额账户用款额度　　　　　　　　　　　　　　500 000

（3）收到财政零余额账户的代理银行转来的财政直接支付入账通知书，反映财政部门通过财政零余额账户为该事业单位支付了一笔劳务费用，金额共计100 000元。该事业单位应编制如下会计分录：

借：事业支出　　　　　　　　　　　　　　　　　　100 000
　　贷：财政补助收入　　　　　　　　　　　　　　　　　100 000

第三节　短期投资

一、短期投资的概念

（一）短期投资的定义

短期投资是指事业单位将暂时多余不用的资金购买各种能随时变现的持有时间不超

过一年的有价证券以及不超过一年的其他投资。

由于各种各样的原因，事业单位往往有多余的货币资金，为了获得比银行存款利息较高的收益，可购买有公开市场的可随时抛售的有价证券。至于不超过一年的其他投资是指以货币资金、材料、固定资产等向其他单位的投资，这种投资在一年内可以收回。在事业单位，短期投资主要是国债投资。一般按照国债投资的种类进行明细核算。

（二）短期投资的特征

短期投资相对于长期债券投资和长期股权投资，通常具有以下 2 个特征：

（1）投资目的很明确，是事业单位为了提高暂时闲置资金的使用效率和效益而进行的对外投资，也包括以赚取差价为目的。

（2）投资时间短，事业单位为了能够实现及时变现的目的，通常投资于二级市场上公开交易的股票、债券、基金等，这些资产在市场上极易变现。这些资产既可能是债权性的，也可能是股权性的。

事业单位应当严格遵守国家法律、行政法规以及财政部门、主管部门关于对外投资的有关规定，对短期投资按照国债投资的种类等进行明细核算。

二、短期投资的账务处理

（1）短期投资在取得时，应当按照其实际成本（包括购买价款以及税金、手续费等相关税费）作为投资成本，借记本科目，贷记"银行存款"等科目。

（2）短期投资持有期间收到利息时，按实际收到的金额，借记"银行存款"科目，贷记"其他收入——投资收益"科目。

（3）出售短期投资或到期收回短期国债本息，按照实际收到的金额，借记"银行存款"科目，按照出售或收回短期国债的成本，贷记本科目，按其差额，贷记或借记"其他收入——投资收益"科目。

（4）本科目期末借方余额，反映事业单位持有的短期投资成本。

【例 2-5】某事业单位发生如下业务：

（1）3 月 1 日，该单位以银行存款购买 50 000 元的有价债券，准备 9 个月之内出售。

借：短期投资 50 000
　　贷：银行存款 50 000

同时，

借：事业基金——一般基金 50 000
　　贷：事业基金——投资基金 50 000

（2）6 月 1 日，该单位收到持有该债券利息 500 元。

借：银行存款 500
　　贷：其他收入——投资收益 500

（3）12月1日，该单位出售该债券，收到 50 500 元，并收到持有期间的其他利息 1 500 元。

借：银行存款　　　　　　　　　　　　　　　　　　　52 000
　　贷：短期投资　　　　　　　　　　　　　　　　　　50 000
　　　　其他收入——投资收益　　　　　　　　　　　　 2 000

第四节　应收及预付款项

应收及预付款项泛指事业单位在业务活动中因产品、商品已经交付，劳务已经提供或者预先支付供货单位货款，从而取得的向其他单位或个人索取货款、劳务补偿及所购货物的要求权。这种要求权有的来自事业单位的经常业务活动，有的在经常业务活动之外产生。前者有财政应返还额度、应收账款、应收票据、预付账款等，后者则有各种其他应收款，如备用金、应收的罚款、应收的赔款、应向职工收取的各种垫款。

应收及预付款项的特征如下：一是，应收及预付款项是事业单位日常经营活动中发生的，如销售产成品或者商品、外购原材料或商品过程中发生的应收账款或预付账款；又如职工因公因私向本单位借款产生的其他应收款等；二是，应收及预付款项的本质是债券，但是应收款项最终会收到货币资金，预付款项则是收到所购物资或劳务。

事业单位的应收及预付款项主要包括财政应返还额度、应收票据、应收账款、预付账款、其他应收款等。

一、财政应返还额度

财政应返还额度是指用来计量实行国库集中支付的事业单位应收财政返还的资金额度。应当设置"财政直接支付"、"财政授权支付"两个明细科目，进行明细核算。

财政应返还额度的主要账务处理如下：

（一）财政直接支付

财政直接支付是指由财政部门签发支付令，代理银行根据财政部门的支付指令，通过国库单一账户体系将资金直接支付到收款人或用款单位账户。财政直接支付类型包括工资支出、政府采购和其他支出。

年度终了，事业单位根据本年度财政直接支付预算指标数与当年财政直接支付实际支出数的差额，借记本科目（财政直接支付），贷记"财政补助收入"科目。

下年度恢复财政直接支付额度后，事业单位以财政直接支付方式发生实际支出时，借记有关科目，贷记本科目（财政直接支付）。

（二）财政授权支付

财政授权支付是国库集中支付的另一种方式，是指预算单位按照部门预算和用款计划确定资金用途，根据财政部门授权，自行开具支付令送代理银行，通过国库单一账户体系中的单位零余额账户或特设专户，将财政性资金支付到收款人或用款单位账户。

年度终了，事业单位依据代理银行提供的对账单作注销额度的相关账务处理，借记本科目（财政授权支付），贷记"零余额账户用款额度"科目。事业单位本年度财政授权支付预算指标数大于零余额账户用款额度下达数的，根据未下达的用款额度，借记本科目（财政授权支付），贷记"财政补助收入"科目。

下年初，事业单位依据代理银行提供的额度恢复到账通知书作恢复额度的相关账务处理，借记"零余额账户用款额度"科目，贷记本科目（财政授权支付）。事业单位收到财政部门批复的上年末未下达零余额账户用款额度时，借记"零余额账户用款额度"科目，贷记本科目（财政授权支付）。

本科目期末借方余额，反映事业单位应收财政返还的资金额度。

【例2-6】某事业单位发生如下业务：

（1）至20×3年12月31日，本年度财政直接支付预算指标数为200 000元，当年财政直接支付实际支出数为180 000元。

借：财政应返还额度——财政直接支付　　20 000（200 000 - 180 000）
　　贷：财政补助收入——财政直接支付　　　　　　　　　　　　20 000

（2）20×4年1月，财政分批恢复直接支付额度。

恢复时，不做账务处理。

（3）20×4年3月，以财政直接支付方式发生实际支出10 000元。

借：事业支出/其他相关科目　　　　　　　　　　　　　　　　10 000
　　贷：财政应返还额度——财政直接支付　　　　　　　　　　10 000

【例2-7】某事业单位发生如下业务：

（1）至20×3年12月31日，收到代理银行提供的对账单，对账单显示应注销额度20 000元。

借：财政应返还额度——财政授权支付　　　　　　　　　　　20 000
　　贷：零余额账户用款额度　　　　　　　　　　　　　　　　20 000

（2）20×4年1月，收到代理银行提供的额度恢复到账通知书，恢复额度金额为100 000元。

借：零余额账户用款额度　　　　　　　　　　　　　　　　　100 000
　　贷：财政应返还额度——财政授权支付　　　　　　　　　100 000

（3）20×4年2月，收到财政部门批复的上年末未下达零余额账户用款额度10 000元。

借：零余额账户用款额度　　　　　　　　　　　　　　　　10 000
　　贷：财政应返还额度——财政授权支付　　　　　　　　　　　　10 000

二、应收票据

应收票据是指事业单位因开展经营活动销售产品、提供有偿服务等而收到的商业汇票。商业汇票是由出票人签发的、指定付款人在一定日期支付一定金额给收款人或持票人的票据。通常涉及出票人、付款人、收款人三方。

商业汇票按其承兑人不同，分为商业承兑汇票和银行承兑汇票两种。商业承兑汇票是由付款人承兑的汇票，它可以由收款人签发，也可以由付款人签发，但必须由付款人承兑；银行承兑汇票是由收款人或承兑申请人签发，并由承兑申请人向银行申请，银行审查同意承兑的票据。

应收票据按是否计息划分，可分为带息票据和不带息票据两种。带息票据是指注明利率及付息日期的票据，带息票据可在票据到期时一次付息；不带息票据是指到期只按面额支付，无需支付利息的票据。带息票据到期利息的计算公式如下：

应收票据利息＝应收票据面额×利率×时间

上式中，利率一般以年利率表示，时间则以日或者月表示。因此，应把年利率调整为月利率或者日利率，一年以 360 天计算。

不论票据是否带息，应收票据应于收到或开出并承兑时，以其票面金额入账。

应收票据的账务处理如下：

（1）因销售产品、提供服务等收到商业汇票，按照商业汇票的票面金额，借记本科目，按照确认的收入金额，贷记"经营收入"等科目，按照应缴增值税金额，贷记"应缴税费——应缴增值税"科目。

（2）持未到期的商业汇票向银行贴现，按照实际收到的金额（即扣除贴现息后的净额），借记"银行存款"科目，按照贴现息，借记"经营支出"等科目，按照商业汇票的票面金额，贷记本科目。

（3）将持有的商业汇票背书转让以取得所需物资时，按照取得物资的成本，借记有关科目，按照商业汇票的票面金额，贷记本科目，如有差额，借记或贷记"银行存款"等科目。

（4）商业汇票到期时，应当分别以下情况处理：

①收回应收票据，按照实际收到的商业汇票票面金额，借记"银行存款"科目，贷记本科目。

②因付款人无力支付票款，收到银行退回的商业承兑汇票、委托收款凭证、未付票款通知书或拒付款证明等，按照商业汇票的票面金额，借记"应收账款"科目，贷记本科目。

(5) 事业单位应当设置"应收票据备查簿",逐笔登记每一应收票据的种类、号数、出票日期、到期日、票面金额、交易合同号和付款人、承兑人、背书人姓名或单位名称、背书转让日、贴现日期、贴现率和贴现净额、收款日期、收回金额和退票情况等资料。应收票据到期结清票款或退票后,应当在备查簿内逐笔注销。

应收票据的背书是指持票人在票据的背面签字,签字人即为背书人。背书人对票据的到期付款负连带责任。银行贴现所扣的利息称为贴现息,银行贴现时所用的利率称为贴现率。

(6) 本科目期末借方余额,反映事业单位持有的商业汇票票面金额。

【例2-8】某事业单位发生如下业务:

销售M产品一批给甲公司,货已发出,价款10 000元,增值税款为1 700元。按合同约定两个月后付款,甲公司交给该事业单位1张两个月到期的商业承兑汇票,面值为11 700元。其会计分录为:

借:应收票据　　　　　　　　　　　　　　　　　　　　　　　　　11 700
　　贷:经营收入　　　　　　　　　　　　　　　　　　　　　　　　10 000
　　　　应缴税费——应缴增值税(销项税额)　　　　　　　　　　　 1 700

三、应收账款

应收账款是指事业单位因赊销而形成的债权,而不应包括应收的非销货账款。也就是说,应收账款仅指事业单位因赊销商品、产品或提供劳务而形成的应向购货客户或接受劳务的客户收取的款项和代垫的运杂费。

(一) 应收账款的计价

一般而言,事业单位赊销商品或者提供劳务等,应按买卖成交时的实际金额入账。但是在具体计算应收账款的入账金额时,应考虑折扣因素:

(1) 商业折扣。所谓商业折扣,是指单位可以从价目单上规定的价格中扣减一定百分比数额的折扣方式,如10%、15%、20%等,扣减后的净额才是实际销售价格。例如,某科研单位某项科研产品的报价为1000元,按10%的商品折扣出售,则应收账款的记账金额为900元。显然商业折扣不会引起特殊的会计问题,会计上只需按已扣除商业折扣的实际发票价格确认应收账款。

(2) 现金折扣。所谓现金折扣,是指单位为了鼓励客户在一定时期内早日付款而给予的一种折扣优待。这种折扣的条件,通常写成:2/10,1/20,N/30(即10天内付款折扣2%,20天内付款折扣1%,30天内全价付款)。在现金折扣的情况下,应收账款入账金额的确认有两种处理方法:一是总价法,另一种是净价法。在我国会计实务中,一般采用的是总价法。所谓总价法,是将未减现金折扣前的金额作为实际售价,作为应收账款的入账金额,这种方法把现金折扣理解为客户提早付款而获得的经济利益。销售方给予客户的现金折扣,从融资的角度来看,属于一种理财费用,应列为经营支出。总价法可以较好的反应销售的总过程,但在客户大量享受现金折扣的情况下,会高估应收账款和销售收入。

(二) 应收账款的账务处理

应收账款科目应当按照购货、接受劳务单位(或个人)进行明细核算。

(1) 发生应收账款时,按照应收未收金额,借记本科目,按照确认的收入金额,贷记"经营收入"等科目,按照应缴增值税金额,贷记"应缴税费——应缴增值税"科目。

(2) 收回应收账款时,按照实际收到的金额,借记"银行存款"等科目,贷记本科目。

(3) 逾期三年或以上、有确凿证据表明确实无法收回的应收账款,按规定报经批准后予以核销。核销的应收账款应在备查簿中保留登记。

①转入待处置资产时,按照待核销的应收账款金额,借记"待处置资产损溢"科目,贷记本科目。

②报经批准予以核销时,借记"其他支出"科目,贷记"待处置资产损溢"科目。

③已核销应收账款在以后期间收回的,按照实际收回的金额,借记"银行存款"等科目,贷记"其他收入"科目。

(4) 本科目期末借方余额,反映事业单位尚未收回的应收账款。

【例2-9】20×3年,某向外提供劳务和产品的科研事业单位有关应收账款的业务如下:

6月5日,向华北公司提供劳务获得收入50 000元。按照合同规定,这笔款项应在6月25日支付。

6月5日的会计分录为:

借:应收账款　　　　　　　　　　　　　　　　　　　　　　　50 000
　　贷:经营收入　　　　　　　　　　　　　　　　　　　　　　　50 000

6月25日收到款项时的会计分录为:

借:银行存款　　　　　　　　　　　　　　　　　　　　　　　50 000
　　贷:应收账款　　　　　　　　　　　　　　　　　　　　　　　50 000

【例2-10】20×3年,某向外提供劳务和产品的科研事业单位有关应收账款的业务如下:

6月5日,向华北公司提供劳务获得收入50 000元。按照合同规定,为了鼓励华北公司在早日付款,该单位提供的现金折扣条件为2/10,1/20,N/30。6月25日,华北公司支付了这笔款项。

6月5日的会计分录为:

借:应收账款　　　　　　　　　　　　　　　　　　　　　　　50 000

　　　　贷：经营收入　　　　　　　　　　　　　　　　　　　　　50 000
6月25日收到款项时的会计分录为：
现金折扣 = 50 000 × 1% = 500（元）
借：银行存款　　　　　　　　　　　　　　　　　　　　　　49 500
　　经营支出　　　　　　　　　　　　　　　　　　　　　　　　500
　　贷：应收账款　　　　　　　　　　　　　　　　　　　　　50 000

四、预付账款

预付账款是事业单位按照购货、劳务合同规定预付给供应单位的款项。预付账款按实际发生的金额入账。会计期末，预付账款按历史成本报告。

预付账款与应收账款虽然都是事业单位的流动资产，都属于应收及预付款项，但两者性质不同。应收账款是事业单位应收客户的账款，预付账款是事业单位预付给商品供应单位的账款，所以，应分别设置账户进行核算。

本科目应当按照供应单位（或个人）进行明细核算。事业单位应当通过明细核算或辅助登记方式，登记预付账款的资金性质（区分财政补助资金、非财政专项资金和其他资金）。

预付账款的主要账务处理如下：

（1）发生预付账款时，按照实际预付的金额，借记本科目，贷记"零余额账户用款额度"、"财政补助收入"、"银行存款"等科目。

（2）收到所购物资或劳务，按照购入物资或劳务的成本，借记有关科目，按照相应预付账款金额，贷记本科目，按照补付的款项，贷记"零余额账户用款额度"、"财政补助收入"、"银行存款"等科目。

收到所购固定资产、无形资产的，按照确定的资产成本，借记"固定资产"、"无形资产"科目，贷记"非流动资产基金——固定资产、无形资产"科目；同时，按资产购置支出，借记"事业支出"、"经营支出"等科目，按照相应预付账款金额，贷记本科目，按照补付的款项，贷记"零余额账户用款额度"、"财政补助收入"、"银行存款"等科目。

（3）逾期3年或以上、有确凿证据表明因供货单位破产、撤销等原因已无望再收到所购物资，且确实无法收回的预付账款，按规定报经批准后予以核销。核销的预付账款应在备查簿中保留登记。

①转入待处置资产时，按照待核销的预付账款金额，借记"待处置资产损溢"科目，贷记本科目。

②报经批准予以核销时，借记"其他支出"科目，贷记"待处置资产损溢"科目。

③已核销预付账款在以后期间收回的，按照实际收回的金额，借记"银行存款"等

科目，贷记"其他收入"科目。

（4）本科目期末借方余额，反映事业单位实际预付但尚未结算的款项。

【例2-11】某事业单位发生如下业务：

（1）订购某种货物，货款10 000元，按合同规定需要预付价款的40%，即4 000元订金。其会计分录为：

　　借：预付账款　　　　　　　　　　　　　　　　　　　　　　4 000
　　　　贷：银行存款　　　　　　　　　　　　　　　　　　　　　4 000

（2）所订货物到货，发票账单同时到达，价款为10 000元，增值税为1 700元，用银行存款补付货款为7 700元。其会计分录为：

　　借：存货　　　　　　　　　　　　　　　　　　　　　　　　10 000
　　　　应缴税费——应缴增值税（进项税额）　　　　　　　　　　1 700
　　　　贷：预付账款　　　　　　　　　　　　　　　　　　　　11 700
　　借：预付账款　　　　　　　　　　　　　　　　　　　　　　7 700
　　　　贷：银行存款　　　　　　　　　　　　　　　　　　　　7 700

五、其他应收款

本科目核算事业单位除财政应返还额度、应收票据、应收账款、预付账款以外的其他各项应收及暂付款项，如职工预借的差旅费、拨给有关部门的备用金、应向职工收取的各种代垫付款项等。一般包括：借出款、备用金、应向职工收取的各种垫付款项等。其他应收款应按实际发生额入账，按照其他应收款的类别以及债务单位（或个人）进行明细核算。

其他应收款的账务处理如下：

（1）发生其他各种应收及暂付款项时，借记本科目，贷记"银行存款"、"库存现金"等科目。

（2）收回或转销其他各种应收及暂付款项时，借记"库存现金"、"银行存款"等科目，贷记本科目。

（3）事业单位内部实行备用金制度的，有关部门使用备用金以后应当及时到财务部门报销并补足备用金。财务部门核定并发放备用金时，借记本科目，贷记"库存现金"等科目。根据报销数用现金补足备用金定额时，借记有关科目，贷记"库存现金"等科目，报销数和拨补数都不再通过本科目核算。

（4）逾期3年或以上、有确凿证据表明确实无法收回的其他应收款，按规定报经批准后予以核销。核销的其他应收款应在备查簿中保留登记。

①转入待处置资产时，按照待核销的其他应收款金额，借记"待处置资产损溢"科目，贷记本科目。

②报经批准予以核销时,借记"其他支出"科目,贷记"待处置资产损溢"科目。

③已核销其他应收款在以后期间收回的,按照实际收回的金额,借记"银行存款"等科目,贷记"其他收入"科目。

(5) 本科目期末借方余额,反映事业单位尚未收回的其他应收款。

【例2-12】某事业单位发生如下业务:

(1) 职工王某借差旅费500元,其会计分录为:

借:其他应收款——王某　　　　　　　　　　　　　　500
　　贷:库存现金　　　　　　　　　　　　　　　　　　500

(2) 单位收到保险公司赔款5 000元。其会计分录为:

借:银行存款　　　　　　　　　　　　　　　　　　5 000
　　贷:其他应收款　　　　　　　　　　　　　　　　5 000

(3) 王某出差回来报账,差旅费480元,交回20元。其会计分录为:

借:事业支出　　　　　　　　　　　　　　　　　　480
　　库存现金　　　　　　　　　　　　　　　　　　　20
　　贷:其他应收款——王某　　　　　　　　　　　　500

第五节　存货

一、存货的概念

(一) 存货的定义

存货,是指事业单位在开展业务活动及其他活动中为耗用而存储的各种材料、燃料、包装物、低值易耗品及达不到固定资产标准的用具、装具、动植物等的实际成本。按照存货的种类、规格、保管地点等进行明细核算。

(二) 存货的分类

一般的事业单位是指既不从事产品生产,也不从事商品经销的事业单位。这类事业单位的存货可以分为以下几类:

(1) 原材料。是指使用以后即消耗或逐渐消耗不能复原的各种物资,如燃料、实验试验材料、改装使用的元件、零配件等。

(2) 低值易耗品。是指不能满足固定资产条件的各种可重复使用的劳动资料,如某些仪器仪表、工具、量具、器皿、一般用具和劳保用品等。

(3) 办公用品。是指事业单位在办公活动中使用的各种物料,如纸张、笔墨等。

(4) 产成品类,是指事业单位生产完工并已验收入库的产品。

(三) 存货的计价

1. 购入存货的计价

购入存货,应将购价、运杂费作为存货入账价格。实行"增值税条例"后,存货核算价格作如下规定:事业单位购入的自用的存货,按实际支付的含税价格计算;事业单位属于小规模纳税人的,其购进存货应按实际支付的含税价格计算;事业单位属于一般纳税人的,其购进的存货非自用部分按不含税价格计算。

2. 发出存货的计价

按现行制度规定,事业单位领用或发出存货可以根据实际情况选择先进先出法或加权平均法确定其实际成本。两种方法具体如下:

(1) 先进先出法。

先进先出法假定先购进的存货先发出,并根据这一假定的成本流转顺序,对发出存货和期末存货进行计价的方法。采用这种计价方法,收入存货时要逐笔登记购入的每一笔存货的数量、单价和金额。发出时,按先进先出的原则确定单价,逐笔登记存货发出和结存金额。

(2) 加权平均法。

加权平均法是以本月(期)初累计的库存存货总金额与本月(期)收入的存货总金额之和,除以月初库存存货总数量与本月(期)收入数量之和,求得存货加权平均单价,作为存货的计价标准的方法。采用这种方法,可以在每月末或旬末,根据存货明细分类账有关数字计算出平均单价后,求出发出和结存存货的金额。因此,计价工作一般要在月末或旬末进行。其计算公式如下:

加权平均单价 = (期初结存金额 + 本期购入材料金额) / (期初结存数量 + 本期购入数量)

期末材料成本 = 加权平均单价 × 期末结存数量

本期发出材料成本 = 期初材料成本 + 本期购入材料成本 – 期末材料成本

二、存货的账务处理

1. 存货在取得时,应当按照其实际成本入账

(1) 购入的存货,其成本包括购买价款、相关税费、运输费、装卸费、保险费以及其他使得存货达到目前场所和状态所发生的其他支出。事业单位按照税法规定属于增值税一般纳税人的,其购进非自用(如用于生产对外销售的产品)材料所支付的增值税款不计入材料成本。

购入的存货验收入库,按确定的成本,借记本科目,贷记"银行存款"、"应付账款"、"财政补助收入"、"零余额账户用款额度"等科目。

属于增值税一般纳税人的事业单位购入非自用材料的,按确定的成本(不含增值税进项税额),借记本科目,按增值税专用发票上注明的增值税额,借记"应缴税费——应缴增值税(进项税额)"科目,按实际支付或应付的金额,贷记"银行存款"、"应付账款"等科目。

(2)自行加工的存货,其成本包括耗用的直接材料费用、发生的直接人工费用和按照一定方法分配的与存货加工有关的间接费用。

自行加工的存货在加工过程中发生各种费用时,借记本科目(生产成本),贷记本科目(领用材料相关的明细科目)、"应付职工薪酬"、"银行存款"等科目。加工完成的存货验收入库,按照所发生的实际成本,借记本科目(相关明细科目),贷记本科目(生产成本)。

(3)接受捐赠、无偿调入的存货,其成本按照有关凭据注明的金额加上相关税费、运输费等确定;没有相关凭据的,其成本比照同类或类似存货的市场价格加上相关税费、运输费等确定;没有相关凭据、同类或类似存货的市场价格也无法可靠取得的,该存货按照名义金额(即人民币1元,下同)入账。相关财务制度仅要求进行实物管理的除外。

接受捐赠、无偿调入的存货验收入库,按照确定的成本,借记本科目,按照发生的相关税费、运输费等,贷记"银行存款"等科目,按照其差额,贷记"其他收入"科目。

按照名义金额入账的情况下,按照名义金额,借记本科目,贷记"其他收入"科目;按照发生的相关税费、运输费等,借记"其他支出"科目,贷记"银行存款"等科目。

【例2-13】某事业单位属于一般纳税人,具有产品生产任务,20×3年,该事业单位发生如下业务:

(1)2月5日,购入自用甲材料一批,价款(含税)为4 000元,材料已验收入库,货款通过银行转账付讫。购入乙材料一批,价款(含税)为5 000元,材料已验收入库,按双方购货合同规定,货款应在4月5日付清。

借:存货——甲材料　　　　　　　　　　　　　　　　　　4 000
　　　——乙材料　　　　　　　　　　　　　　　　　　　 5 000
　贷:银行存款　　　　　　　　　　　　　　　　　　　　 4 000
　　 应付账款　　　　　　　　　　　　　　　　　　　　　5 000

(2)3月5日,购入一批非自用材料丙材料,价款10 000元,增值税发票上注明的增值税为1 700元,供货单位代垫运费300元,材料已验收入库,价款已通过银行转账支付。

借:存货——甲材料　　　　　　　　　　　　　　　　　　10 000
　　应缴税费——应缴增值税(进项税额)　　　　　　　　 1 700
　贷:银行存款　　　　　　　　　　　　　　　　　　　　 11 700
借:存货—甲材料　　　　　　　　　　　　　　　　　　　 267
　　应缴税费—应缴增值税(进项税额)　　　　　　　　　 33

贷：应付账款		300
借：应付账款	300	
贷：银行存款		300

2. 存货在发出时，应当根据实际情况采用先进先出法、加权平均法或者个别计价法确定发出存货的实际成本，计价方法一经确定，不得随意变更，低值易耗品的成本于领用时一次摊销

（1）开展业务活动等领用、发出存货，按领用、发出存货的实际成本，借记"事业支出"、"经营支出"等科目，贷记本科目。

（2）对外捐赠、无偿调出存货，转入待处置资产时，按照存货的账面余额，借记"待处置资产损溢"科目，贷记本科目。属于增值税一般纳税人的事业单位对外捐赠、无偿调出购进的非自用材料，转入待处置资产时，按照存货的账面余额与相关增值税进项税额转出金额的合计金额，借记"待处置资产损溢"科目，按存货的账面余额，贷记本科目，按转出的增值税进项税额，贷记"应缴税费——应缴增值税（进项税额转出）"科目。

实际捐出、调出存货时，按照"待处置资产损溢"科目的相应余额，借记"其他支出"科目，贷记"待处置资产损溢"科目。

【例2-14】承【例2-13】，该事业单位20×3年5月发生如下业务：

(1) 从事业活动，领用非自用丙材料2 000元。

借：事业支出	2 000	
贷：存货——丙材料		2 000

(2) 为帮助受灾地区，向受灾地区捐赠3 000元的乙材料，4 000元的非自用丙材料。

借：待处置资产损溢	7 680	
贷：存货——乙材料		3 000
——丙材料		4 000
应缴税费——应缴增值税（进项税额转出）		680

实际调出存货时：

借：其他支出	7 680	
贷：待处置资产损溢		7 680

3. 事业单位的存货应当定期进行清查盘点，每年至少盘点一次，对于发生的存货盘盈、盘亏或者报废、损毁，应当及时查明原因，按规定报经批准后进行账务处理

（1）盘盈的存货，按照同类或类似存货的实际成本或市场价格确定入账价值；同类或类似存货的实际成本、市场价格均无法可靠取得的，按照名义金额入账。

盘盈的存货，按照确定的入账价值，借记本科目，贷记"其他收入"科目。

（2）盘亏或者损毁、报废的存货，转入待处置资产时，按照待处置存货的账面余额，

借记"待处置资产损溢"科目,贷记本科目。

属于增值税一般纳税人的事业单位购进的非自用材料发生盘亏或者损毁、报废的,转入待处置资产时,按照存货的账面余额与相关增值税进项税额转出金额的合计金额,借记"待处置资产损溢"科目,按存货的账面余额,贷记本科目,按转出的增值税进项税额,贷记"应缴税费——应缴增值税(进项税额转出)"科目。

报经批准予以处置时,按照"待处置资产损溢"科目的相应余额,借记"其他支出"科目,贷记"待处置资产损溢"科目。

处置存货过程中所取得的收入、发生的费用,以及处置收入扣除相关处置费用后的净收入的账务处理,参见"待处置资产损溢"科目。

4. 本科目期末借方余额,反映事业单位存货的实际成本

【例2-15】承【例2-13】【例2-14】,20×3年6月30日,该事业单位进行存货盘点,发生如下业务:

(1) 盘盈甲材料,价值500元。

借:存货——甲材料　　　　　　　　　　　　　　　　500
　　贷:其他收入　　　　　　　　　　　　　　　　　　　　500

(2) 盘点过程中,发现乙材料短缺,短缺的乙材料账面价值为300元。

借:待处置资产损溢　　　　　　　　　　　　　　　　300
　　贷:存货——乙材料　　　　　　　　　　　　　　　　300

(3) 盘点过程中,发现丙材料损毁,丙材料损毁账面价值为200元。

借:待处置资产损溢　　　　　　　　　　　　　　　　234
　　贷:存货——丙材料　　　　　　　　　　　　　　　　200
　　　　应缴税费——应缴增值税(进项税额转出)　　　　34

第三章 非流动资产

根据《事业单位会计制度》，事业单位的非流动资产包括长期投资、在建工程、固定资产、无形资产和待处置资产损溢等。

其中，长期投资是指事业单位依法取得的，持有时间超过1年（不含1年）的各种股权和债权性质的投资。

在建工程是指事业单位已经发生必要支出，但尚未完工交付使用的各种建筑（包括新建、改建、扩建、修缮等）和设备安装工程。

固定资产是指事业单位持有的使用期限超过1年（不含1年），单位价值在规定标准以上，并在使用过程中基本保持原有物质形态的资产，包括房屋及构筑物、专用设备、通用设备等。单位价值虽未达到规定标准，但是耐用时间超过1年（不含1年）的大批同类物资，应当作为固定资产核算。

无形资产是指事业单位持有的没有实物形态的可辨认非货币性资产，包括专利权、商标权、著作权、土地使用权、非专利技术等。

第一节 长期投资

长期投资是指事业单位不准备随时变现的持有时间在一年以上的投资，包括股票投资、债券投资和其他投资。事业单位进行长期投资的主要目的是为了获取较长时间的、较高的投资收益。其属于对外投资的一种，包括长期股权投资和长期债券投资。

一、长期股权投资

1. 长期股权投资在取得时，应当按照其实际成本作为投资成本

（1）以货币资金取得的长期股权投资，按照实际支付的全部价款（包括购买价款以及税金、手续费等相关税费）作为投资成本，借记本科目，贷记"银行存款"等科目；

同时,按照投资成本金额,借记"事业基金"科目,贷记"非流动资产基金——长期投资"科目。

(2) 以固定资产取得的长期股权投资,按照评估价值加上相关税费作为投资成本,借记本科目,贷记"非流动资产基金——长期投资"科目,按发生的相关税费,借记"其他支出"科目,贷记"银行存款"、"应缴税费"等科目;同时,按照投出固定资产对应的非流动资产基金,借记"非流动资产基金——固定资产"科目,按照投出固定资产已计提折旧,借记"累计折旧"科目,按投出固定资产的账面余额,贷记"固定资产"科目。

(3) 以已入账无形资产取得的长期股权投资,按照评估价值加上相关税费作为投资成本,借记本科目,贷记"非流动资产基金——长期投资"科目,按发生的相关税费,借记"其他支出"科目,贷记"银行存款"、"应缴税费"等科目;同时,按照投出无形资产对应的非流动资产基金,借记"非流动资产基金——无形资产"科目,按照投出无形资产已计提摊销,借记"累计摊销"科目,按照投出无形资产的账面余额,贷记"无形资产"科目。以未入账无形资产取得的长期股权投资,按照评估价值加上相关税费作为投资成本,借记本科目,贷记"非流动资产基金——长期投资"科目,按发生的相关税费,借记"其他支出"科目,贷记"银行存款"、"应缴税费"等科目。

【例 3-1】某事业单位 20×2 年购入一机器设备,原始价值为 100 000 元,预计使用年限为 10 年。20×3 年该设备已经计提折旧 10 000 元,该单位将该设备用于对外投资,双方协商作价 70 000 元。

借:长期投资——长期股权投资　　　　　　　　　　　　　　70 000
　　贷:非流动资产基金——长期投资　　　　　　　　　　　　　　70 000
同时,
借:非流动资产基金——固定资产　　　　　　　　　　　　　　90 000
　　累计折旧　　　　　　　　　　　　　　　　　　　　　　　　10 000
　　贷:固定资产　　　　　　　　　　　　　　　　　　　　　　100 000

2. 长期股权投资持有期间,收到利润等投资收益时,按照实际收到的金额,借记"银行存款"等科目,贷记"其他收入——投资收益"科目

【例 3-2】承【例 3-1】,20×3 年 12 月 31 日,收到被投资单位发放的利润 5 000 元,款项存入银行账户。

借:银行存款　　　　　　　　　　　　　　　　　　　　　　　5 000
　　贷:其他收入——投资收益　　　　　　　　　　　　　　　　　5 000

3. 转让长期股权投资,转入待处置资产时,按照待转让长期股权投资的账面余额,借记"待处置资产损溢——处置资产价值"科目,贷记本科目

实际转让时,按照所转让长期股权投资对应的非流动资产基金,借记"非流动资产

基金——长期投资"科目，贷记"待处置资产损溢——处置资产价值"科目。

转让长期股权投资过程中取得价款、发生相关税费，以及转让价款扣除相关税费后的净收入的账务处理，参见"待处置资产损溢"科目。

【例 3 – 3】承【例 3 – 2】，20×4 年 2 月 1 日，该事业单位向外转让该长期股权投资，该长期股权投资账面余额为 70 000 元，转让价格为 71 000 元，转让过程中共发生税费 8 000 元。

转入待处置资产：

借：待处置资产损溢——处置资产价值　　　　　　　　　　　70 000
　　贷：长期投资——长期股权投资　　　　　　　　　　　　　　70 000

报经批准予以处置，转出资产对应的非流动资产基金：

借：非流动资产基金——长期投资　　　　　　　　　　　　　70 000
　　贷：待处置资产损溢——处置资产价值　　　　　　　　　　　70 000

收到转让价款

借：银行存款　　　　　　　　　　　　　　　　　　　　　　71 000
　　贷：待处置资产损溢——处置资产净收入　　　　　　　　　　71 000

支付转让税费

借：待处置资产损溢——处置资产净收入　　　　　　　　　　8 000
　　贷：银行存款　　　　　　　　　　　　　　　　　　　　　　8 000

处置净收入处理

借：待处置资产损溢——处置资产净收入　　　　　　　　　　63 000
　　贷：应缴国库款　　　　　　　　　　　　　　　　　　　　　63 000

4. 因被投资单位破产清算等原因，有确凿证据表明长期股权投资发生损失，按规定报经批准后予以核销。将待核销长期股权投资转入待处置资产时，按照待核销的长期股权投资账面余额，借记"待处置资产损溢"科目，贷记本科目

报经批准予以核销时，借记"非流动资产基金——长期投资"科目，贷记"待处置资产损溢"科目。

【例 3 – 4】某事业单位持有对其他公司的长期股权投资，账面价值 50 000 元，20×3 年 12 月 31 日，证实该公司破产清算，长期股权投资发生损失。

将待核销长期股权投资转入待处置资产：

借：待处置资产损溢　　　　　　　　　　　　　　　　　　　50 000
　　贷：长期投资——长期股权投资　　　　　　　　　　　　　　50 000

报经批准予以核销：

借：非流动资产基金——长期投资　　　　　　　　　　　　　50 000
　　贷：待处置资产损溢　　　　　　　　　　　　　　　　　　　50 000

二、长期债券投资

根据《事业单位会计制度》的有关规定，事业单位的长期债券投资应按照如下方法进行处理：

（1）长期债券投资在取得时，应当按照其实际成本作为投资成本。以货币资金购入的长期债券投资，按照实际支付的全部价款（包括购买价款以及税金、手续费等相关税费）作为投资成本，借记本科目，贷记"银行存款"等科目；同时，按照投资成本金额，借记"事业基金"科目，贷记"非流动资产基金——长期投资"科目。

（2）长期债券投资持有期间收到利息时，按照实际收到的金额，借记"银行存款"等科目，贷记"其他收入——投资收益"科目。

（3）对外转让或到期收回长期债券投资本息，按照实际收到的金额，借记"银行存款"等科目，按照收回长期投资的成本，贷记本科目，按照其差额，贷记或借记"其他收入——投资收益"科目；同时，按照收回长期投资对应的非流动资产基金，借记"非流动资产基金——长期投资"科目，贷记"事业基金"科目。

（4）本科目期末借方余额，反映事业单位持有的长期投资成本。

【例3-5】某事业单位发生的业务如下：

20×3年，该单位取得长期债券投资，支付对价70 000元。

借：长期投资——长期债券投资　　　　　　　　　　　70 000
　　　贷：银行存款　　　　　　　　　　　　　　　　　70 000
借：事业基金　　　　　　　　　　　　　　　　　　　70 000
　　　贷：非流动资产基金——长期投资　　　　　　　　70 000

20×3年12月31日，收到被投资单位发放的利润5 000元，款项存入银行账户。

借：银行存款　　　　　　　　　　　　　　　　　　　5 000
　　　贷：其他收入——投资收益　　　　　　　　　　　5 000

20×4年2月1日，该事业单位向外转让该长期股权投资，转让价格为71 000元。

借：银行存款　　　　　　　　　　　　　　　　　　　71 000
　　　贷：长期投资——长期债券投资　　　　　　　　　70 000
　　　　　其他收入——投资收益　　　　　　　　　　　1 000
借：非流动资产基金——长期投资　　　　　　　　　　70 000
　　　贷：事业基金　　　　　　　　　　　　　　　　　70 000

第二节 固定资产

一、固定资产的确认

（一）固定资产的定义

固定资产是指单位价值在规定标准以上、使用期限在一年以上，并在使用过程中基本保持原来物质形态的资产。

（二）固定资产的分类

根据《事业单位会计制度》规定，事业单位的固定资产一般分为六类：房屋及构筑物；专用设备；通用设备；文物和陈列品；图书、档案；家具、用具、装具及动植物。

房屋和建筑物，是指单位自有的各种办公用房屋、生活用房屋、围墙、水塔、仓库以及与此相联系的不可分割的附属设备等。专用设备包括各种仪器和机器设备、医疗器械、交通运输工具、文体事业单位的问题设备等。通用设备包括装具、办公与事务用的家具设备等。文物及陈列品包括博物馆、展览馆、陈列馆和文化馆等的文物及陈列品。图书包括专业图书馆的图书和事业单位的技术图书等。其他固定资产指不包括在以上各类，但又符合固定资产标准的其他各项资产。

（三）固定资产的计价

为了正确反映固定资产价值的增减变动，应按一定标准对固定资产进行计价。固定资产的计价标准有以下三种：

（1）原始价值。原始价值又称原价，是指事业单位在购建某项全新的固定资产时支出的货币总额。固定资产原价一经确定，没有特殊原因不得任意变动。

（2）重置完全价值。重置完全价值又称重置价值，是指事业单位在当前情况下，重新购建同样全新固定资产所需要的全部支出。固定资产重置价值确定以后，视同固定资产原价进行核算。

（3）折余价值。折余价值又称净值，是指固定资产原价减去已提折旧额后的余额。事业单位应当按照《事业单位财务规则》或相关财务制度的规定确定是否对固定资产计提折旧。对固定资产计提折旧的事业单位应按本制度规定处理；不对固定资产计提折旧的事业单位也就不存在固定资产的折余价值。

二、固定资产的初始和后续计量

（一）固定资产的初始计量

固定资产在取得时，应当按照其实际成本入账。

（1）购入的固定资产，其成本包括购买价款、相关税费以及固定资产交付使用前所发生的可归属于该项资产的运输费、装卸费、安装调试费和专业人员服务费等。以一笔款项购入多项没有单独标价的固定资产，按照各项固定资产同类或类似资产市场价格的比例对总成本进行分配，分别确定各项固定资产的入账成本。

购入不需安装的固定资产，按照确定的固定资产成本，借记本科目，贷记"非流动资产基金——固定资产"科目；同时，按照实际支付金额，借记"事业支出"、"经营支出"、"专用基金——修购基金"等科目，贷记"财政补助收入"、"零余额账户用款额度"、"银行存款"等科目。

购入需要安装的固定资产，先通过"在建工程"科目核算。安装完工交付使用时，借记本科目，贷记"非流动资产基金——固定资产"科目；同时，借记"非流动资产基金——在建工程"科目，贷记"在建工程"科目。

购入固定资产扣留质量保证金的，应当在取得固定资产时，按照确定的成本，借记本科目（不需安装）或"在建工程"科目（需要安装），贷记"非流动资产基金——固定资产、在建工程"科目。同时取得固定资产全款发票的，应当同时按照构成资产成本的全部支出金额，借记"事业支出"、"经营支出"、"专用基金——修购基金"等科目，按照实际支付金额，贷记"财政补助收入"、"零余额账户用款额度"、"银行存款"等科目，按照扣留的质量保证金，贷记"其他应付款"（扣留期在1年以内（含1年））或"长期应付款"（扣留期超过1年）科目；取得的发票金额不包括质量保证金的，应当同时按照不包括质量保证金的支出金额，借记"事业支出"、"经营支出"、"专用基金——修购基金"等科目，贷记"财政补助收入"、"零余额账户用款额度"、"银行存款"等科目。质保期满支付质量保证金时，借记"其他应付款"、"长期应付款"科目，或借记"事业支出"、"经营支出"、"专用基金——修购基金"等科目，贷记"财政补助收入"、"零余额账户用款额度"、"银行存款"等科目。

【例3-6】某事业单位发生的业务如下：

（1）用事业经费购入一项不需要安装新设备，买价为10 000元，运杂费1 000元，有关款项均已通过银行支付，该项固定资产安装完毕交付使用。

借：固定资产　　　　　　　　　　　　　　　　　　　　　　　11 000
　　贷：非流动资产基金——固定资产　　　　　　　　　　　　　　　11 000
借：事业支出　　　　　　　　　　　　　　　　　　　　　　　11 000
　　贷：银行存款　　　　　　　　　　　　　　　　　　　　　　　11 000

（2）用事业经费购入一项新设备，买价为10 000元，运杂费300元，安装费为700元，有关款项均已通过银行支付，该项固定资产安装完毕交付使用。

购入设备时：

借：在建工程　　　　　　　　　　　　　　　　　　　　　　　10 300

| 贷：非流动资产基金——在建工程 | 10 300 |

同时，

| 借：事业支出 | 10 300 |
| 贷：银行存款 | 10 300 |

安装时：

| 借：在建工程 | 700 |
| 贷：非流动资产基金——在建工程 | 700 |

同时，

| 借：事业支出 | 700 |
| 贷：银行存款 | 700 |

安装完工交付使用时：

| 借：固定资产 | 11 000 |
| 贷：非流动资产基金——固定资产 | 11 000 |

同时，

| 借：非流动资产基金——在建工程 | 11 000 |
| 贷：在建工程 | 11 000 |

(2) 自行建造的固定资产，其成本包括建造该项资产至交付使用前所发生的全部必要支出。工程完工交付使用时，按自行建造过程中发生的实际支出，借记本科目，贷记"非流动资产基金——固定资产"科目；同时，借记"非流动资产基金——在建工程"科目，贷记"在建工程"科目。

已交付使用但尚未办理竣工决算手续的固定资产，按照估计价值入账，待确定实际成本后再进行调整。

【例3-7】某事业单位自行建造固定资产，在前期投入工程价款2 000 000元。

| 借：事业支出 | 2 000 000 |
| 贷：银行存款 | 2 000 000 |

同时，

| 借：在建工程 | 2 000 000 |
| 贷：非流动资产基金——在建工程 | 2 000 000 |

工程中期发现原材料不足，故投入400 000元购买原材料以满足完工需要。

| 借：事业支出 | 400 000 |
| 贷：银行存款 | 400 000 |

同时，

| 借：在建工程 | 400 000 |
| 贷：非流动资产基金——在建工程 | 400 000 |

工程交付使用

借：固定资产　　　　　　　　　　　　　　　　　　　2 400 000
　　贷：非流动资产基金——固定资产　　　　　　　　　　　　2 400 000
借：非流动资产基金——在建工程　　　　　　　　　　　2 400 000
　　贷：在建工程　　　　　　　　　　　　　　　　　　　　　2 400 000

（3）在原有固定资产基础上进行改建、扩建、修缮后的固定资产，其成本按照原固定资产账面价值（"固定资产"科目账面余额减去"累计折旧"科目账面余额后的净值）加上改建、扩建、修缮发生的支出，再扣除固定资产拆除部分的账面价值后的金额确定。

将固定资产转入改建、扩建、修缮时，按固定资产的账面价值，借记"在建工程"科目，贷记"非流动资产基金——在建工程"科目；同时，按固定资产对应的非流动资产基金，借记"非流动资产基金——固定资产"科目，按固定资产已计提折旧，借记"累计折旧"科目，按固定资产的账面余额，贷记本科目。工程完工交付使用时，借记本科目，贷记"非流动资产基金——固定资产"科目；同时，借记"非流动资产基金——在建工程"科目，贷记"在建工程"科目。

【例3-8】某事业单位决定对固定资产进行扩建，固定资产账面余额为500 000元，已提折旧100 000元，扩建过程中支付工程款200 000元。

借：非流动资产基金——固定资产　　　　　　　　　　400 000
　　累计折旧　　　　　　　　　　　　　　　　　　　100 000
　　贷：固定资产　　　　　　　　　　　　　　　　　　　　500 000
借：在建工程　　　　　　　　　　　　　　　　　　　400 000
　　贷：非流动资产基金——在建工程　　　　　　　　　　　400 000

支付工程款200 000元

借：事业支出　　　　　　　　　　　　　　　　　　　200 000
　　贷：银行存款　　　　　　　　　　　　　　　　　　　　200 000

同时，

借：在建工程　　　　　　　　　　　　　　　　　　　200 000
　　贷：非流动资产基金——在建工程　　　　　　　　　　　200 000

工程完工，交付使用

借：固定资产　　　　　　　　　　　　　　　　　　　200 000
　　贷：非流动资产基金——固定资产　　　　　　　　　　　200 000

同时，

借：非流动资产基金——在建工程　　　　　　　　　　600 000
　　贷：在建工程　　　　　　　　　　　　　　　　　　　　600 000

（4）以融资租赁租入的固定资产，其成本按照租赁协议或者合同确定的租赁价款、相关税费以及固定资产交付使用前所发生的可归属于该项资产的运输费、途中保险费、安装调试费等确定。

融资租入的固定资产，按照确定的成本，借记本科目（不需安装）或"在建工程"科目（需安装），按照租赁协议或者合同确定的租赁价款，贷记"长期应付款"科目，按照其差额，贷记"非流动资产基金——固定资产、在建工程"科目。同时，按照实际支付的相关税费、运输费、途中保险费、安装调试费等，借记"事业支出"、"经营支出"等科目，贷记"财政补助收入"、"零余额账户用款额度"、"银行存款"等科目。

定期支付租金时，按照支付的租金金额，借记"事业支出"、"经营支出"等科目，贷记"财政补助收入"、"零余额账户用款额度"、"银行存款"等科目；同时，借记"长期应付款"科目，贷记"非流动资产基金——固定资产"科目。

跨年度分期付款购入固定资产的账务处理，参照融资租入固定资产。

【例3-9】某事业单位融资租入固定资产，固定资产价值400 000元，租赁协议规定该事业单位需要支付租赁价款350 000元。

借：固定资产　　　　　　　　　　　　　　　　　　　　　　400 000
　　贷：长期应付款　　　　　　　　　　　　　　　　　　　　350 000
　　　　非流动资产基金——固定资产　　　　　　　　　　　　 50 000

该事业单位需要每月支付租金10 000元，支付租金时，

借：事业支出　　　　　　　　　　　　　　　　　　　　　　 10 000
　　贷：银行存款　　　　　　　　　　　　　　　　　　　　　 10 000

同时，

借：长期应付款　　　　　　　　　　　　　　　　　　　　　 10 000
　　贷：非流动资产基金——固定资产　　　　　　　　　　　　 10 000

（5）接受捐赠、无偿调入的固定资产，其成本按照有关凭据注明的金额加上相关税费、运输费等确定；没有相关凭据的，其成本比照同类或类似固定资产的市场价格加上相关税费、运输费等确定；没有相关凭据、同类或类似固定资产的市场价格也无法可靠取得的，该固定资产按照名义金额入账。接受捐赠、无偿调入的固定资产，按照确定的固定资产成本，借记本科目（不需安装）或"在建工程"科目（需安装），贷记"非流动资产基金——固定资产、在建工程"科目；按照发生的相关税费、运输费等，借记"其他支出"科目，贷记"银行存款"等科目。

【例3-10】某事业单位接受社会捐赠的固定资产，资产价值50 000元，期间发生的运输费800元。

借：固定资产　　　　　　　　　　　　　　　　　　　　　　 50 000
　　贷：非流动资产基金——固定资产　　　　　　　　　　　　 50 000
借：其他支出　　　　　　　　　　　　　　　　　　　　　　　　 800

　　　　贷：银行存款　　　　　　　　　　　　　　　　　　　　　　　　　　　800

（二）固定资产的后续计量

（1）为增加固定资产使用效能或延长其使用年限而发生的改建、扩建或修缮等后续支出，应当计入固定资产成本，通过"在建工程"科目核算，完工交付使用时转入本科目。有关账务处理参见"在建工程"科目。

（2）为维护固定资产的正常使用而发生的日常修理等后续支出，应当计入当期支出但不计入固定资产成本，借记"事业支出"、"经营支出"等科目，贷记"财政补助收入"、"零余额账户用款额度"、"银行存款"等科目。

（3）事业单位的固定资产应当定期进行清查盘点，每年至少盘点一次。对于发生的固定资产盘盈、盘亏或者报废、损毁，应当及时查明原因，按规定报经批准后进行账务处理。

①盘盈的固定资产，按照同类或类似固定资产的市场价格确定入账价值；同类或类似固定资产的市场价格无法可靠取得的，按照名义金额入账。

盘盈的固定资产，按照确定的入账价值，借记本科目，贷记"非流动资产基金——固定资产"科目。

②盘亏或者损毁、报废的固定资产，转入待处置资产时，按照待处置固定资产的账面价值，借记"待处置资产损溢"科目，按照已计提折旧，借记"累计折旧"科目，按照固定资产的账面余额，贷记本科目。报经批准予以处置时，按照处置固定资产对应的非流动资产基金，借记"非流动资产基金——固定资产"科目，贷记"待处置资产损溢"科目。

处置损毁、报废固定资产过程中所取得的收入、发生的相关费用，以及处置收入扣除相关费用后的净收入的账务处理，参见"待处置资产损溢"科目。

【例 3-11】 某事业单位盘亏一台机器设备，账面余额 100 000 元，已计提折旧 40 000 元，报经批准予以处置。

　　借：待处置资产损溢　　　　　　　　　　　　　　　　　　　　60 000
　　　　累计折旧　　　　　　　　　　　　　　　　　　　　　　　40 000
　　　　贷：固定资产　　　　　　　　　　　　　　　　　　　　　　　100 000
　　报经批准予以处置时，
　　借：非流动资产基金——固定资产　　　　　　　　　　　　　　60 000
　　　　贷：待处置资产损溢　　　　　　　　　　　　　　　　　　　　60 000

（4）本科目期末借方余额，反映事业单位固定资产的原价。事业单位应当对除下列各项资产以外的其他固定资产计提折旧：

①文物和陈列品；

②动植物；

③图书、档案；

④以名义金额计量的固定资产。

(5) 固定资产计提折旧

折旧是指在固定资产使用寿命内，按照确定的方法对应折旧金额进行系统分摊。有关说明如下：

①事业单位应当根据固定资产的性质和实际使用情况，合理确定其折旧年限。省级以上财政部门、主管部门对事业单位固定资产折旧年限作出规定的，从其规定。

②事业单位一般应当采用年限平均法或工作量法计提固定资产折旧。

③事业单位固定资产的应折旧金额为其成本，计提固定资产折旧不考虑预计净残值。

④事业单位一般应当按月计提固定资产折旧。当月增加的固定资产，当月不提折旧，从下月起计提折旧；当月减少的固定资产，当月照提折旧，从下月起不提折旧。

⑤固定资产提足折旧后，无论能否继续使用，均不再计提折旧；提前报废的固定资产，也不再补提折旧。已提足折旧的固定资产，可以继续使用的，应当继续使用，规范管理。

⑥计提融资租入固定资产折旧时，应当采用与自有固定资产相一致的折旧政策。能够合理确定租赁期届满时将会取得租入固定资产所有权的，应当在租入固定资产尚可使用年限内计提折旧；无法合理确定租赁期届满时能够取得租入固定资产所有权的，应当在租赁期与租入固定资产尚可使用年限两者中较短的期间内计提折旧。

⑦固定资产因改建、扩建或修缮等原因而延长其使用年限的，应当按照重新确定的固定资产的成本以及重新确定的折旧年限，重新计算折旧额。

计提折旧的账务处理如下：

①按月计提固定资产折旧时，按照应计提折旧金额，借记"非流动资产基金——固定资产"科目，贷记本科目。

②固定资产处置时，按照所处置固定资产的账面价值，借记"待处置资产损溢"科目，按照已计提折旧，借记本科目，按照固定资产的账面余额，贷记"固定资产"科目。

(6) 本科目期末贷方余额，反映事业单位计提的固定资产折旧累计数。

【例 3-12】某事业单位新购进固定资产一批，价值 72 000 元，计划使用 6 年，每月计提折旧 1 000 元。

购进时：

借：事业支出　　　　　　　　　　　　　　　　　　　　　　　　72 000

　　贷：银行存款　　　　　　　　　　　　　　　　　　　　　　　　72 000

同时，

借：固定资产　　　　　　　　　　　　　　　　　　　　　　　　72 000

　　贷：非流动资产基金——固定资产　　　　　　　　　　　　　　72 000

按月计提固定资产折旧时：

借：非流动资产基金——固定资产　　　　　　　　　　　　1 000
　　贷：累计折旧　　　　　　　　　　　　　　　　　　　　　　1 000

假设第五年末对固定资产进行处置

借：待处置资产损溢　　　　　　　　　　　　　　　　　　12 000
　　累计折旧　　　　　　　　　　　　　　　　　　　　　　60 000
　　贷：固定资产　　　　　　　　　　　　　　　　　　　　　72 000

三、固定资产的处置

报经批准出售、无偿调出、对外捐赠固定资产或以固定资产对外投资，应当分别以下情况处理：

（1）出售、无偿调出、对外捐赠固定资产，转入待处置资产时，按照待处置固定资产的账面价值，借记"待处置资产损溢"科目，按照已计提折旧，借记"累计折旧"科目，按照固定资产的账面余额，贷记本科目。

实际出售、调出、捐出时，按照处置固定资产对应的非流动资产基金，借记"非流动资产基金——固定资产"科目，贷记"待处置资产损溢"科目。

出售固定资产过程中取得价款、发生相关税费，以及出售价款扣除相关税费后的净收入的账务处理，参见"待处置资产损溢"科目。

（2）以固定资产对外投资，按照评估价值加上相关税费作为投资成本，借记"长期投资"科目，贷记"非流动资产基金——长期投资"科目，按发生的相关税费，借记"其他支出"科目，贷记"银行存款"、"应缴税费"等科目；同时，按照投出固定资产对应的非流动资产基金，借记"非流动资产基金——固定资产"科目，按照投出固定资产已计提折旧，借记"累计折旧"科目，按照投出固定资产的账面余额，贷记本科目。

【例3-13】某事业单位对外捐赠固定资产，固定资产账面余额为100 000元，已计提折旧30 000元。

借：待处置资产损溢　　　　　　　　　　　　　　　　　　70 000
　　累计折旧　　　　　　　　　　　　　　　　　　　　　　30 000
　　贷：固定资产　　　　　　　　　　　　　　　　　　　　100 000

同时，

借：非流动资产基金——固定资产　　　　　　　　　　　　70 000
　　贷：待处置资产损溢　　　　　　　　　　　　　　　　　70 000

第三节 在建工程

一、在建工程的概念

"在建工程"科目核算事业单位已经发生必要支出，但尚未完工交付使用的各种建筑（包括新建、改建、扩建、修缮等）和设备安装工程的实际成本。

事业单位的基本建设投资应当按照国家有关规定单独建账、单独核算，同时按照本制度的规定至少按月并入本科目及其他相关科目反映。

事业单位应当在本科目下设置"基建工程"明细科目，核算由基建账套并入的在建工程成本。有关基建并账的具体账务处理另行规定。

二、在建工程的账务处理

（一）建筑工程

（1）将固定资产转入改建、扩建或修缮等时，按照固定资产的账面价值，借记本科目，贷记"非流动资产基金——在建工程"科目；同时，按照固定资产对应的非流动资产基金，借记"非流动资产基金——固定资产"科目，按照已计提折旧，借记"累计折旧"科目，按照固定资产的账面余额，贷记"固定资产"科目。

（2）根据工程价款结算账单与施工企业结算工程价款时，按照实际支付的工程价款，借记本科目，贷记"非流动资产基金——在建工程"科目；同时，借记"事业支出"等科目，贷记"财政补助收入"、"零余额账户用款额度"、"银行存款"等科目。

（3）事业单位为建筑工程借入的专门借款的利息，属于建设期间发生的，计入在建工程成本，借记本科目，贷记"非流动资产基金——在建工程"科目；同时，借记"其他支出"科目，贷记"银行存款"科目。

（4）工程完工交付使用时，按照建筑工程所发生的实际成本，借记"固定资产"科目，贷记"非流动资产基金——固定资产"科目；同时，借记"非流动资产基金——在建工程"科目，贷记本科目。

（二）设备安装

（1）购入需要安装的设备，按照确定的成本，借记本科目，贷记"非流动资产基金——在建工程"科目；同时，按照实际支付金额，借记"事业支出"、"经营支出"等科目，贷记"财政补助收入"、"零余额账户用款额度"、"银行存款"等科目。

融资租入需要安装的设备，按照确定的成本，借记本科目，按照租赁协议或者合同确定的租赁价款，贷记"长期应付款"科目，按照其差额，贷记"非流动资产基金——在建工程"科目。同时，按照实际支付的相关税费、运输费、途中保险费等，借记"事业支出"、"经营支出"等科目，贷记"财政补助收入"、"零余额账户用款额度"、"银行存款"等科目。

（2）发生安装费用，借记本科目，贷记"非流动资产基金——在建工程"科目；同时，借记"事业支出"、"经营支出"等科目，贷记"财政补助收入"、"零余额账户用款额度"、"银行存款"等科目。

（3）设备安装完工交付使用时，借记"固定资产"科目，贷记"非流动资产基金——固定资产"科目；同时，借记"非流动资产基金——在建工程"科目，贷记本科目。

（4）本科目期末借方余额，反映事业单位尚未完工的在建工程发生的实际成本。

第四节 无形资产

一、无形资产的确认

（一）无形资产的概念

无形资产是指事业单位持有的没有实物形态的可辨认非货币性资产，包括专利权、商标权、著作权、土地使用权、非专利技术等。

事业单位购入的不构成相关硬件不可缺少组成部分的应用软件，应当作为无形资产核算。

本科目应当按照无形资产的类别、项目等进行明细核算。

（二）无形资产的特点

无形资产时一种特殊的资产，一般具有以下特点：

（1）无形资产没有物质实体。无形资产不同于有形资产，它没有特定的物质实体，通常表现为企业所拥有的一种特殊权利。

（2）无形资产能带来超额收益。无论是自创还是购入的无形资产，都能使事业单位在一定时期内获得超额收益。

（3）无形资产可在较长时期内发挥作用。无形资产一经取得或形成，就可为事业单位长期拥有，可在较长时间内发挥作用，为事业单位带来超额收益。

（三）无形资产的主要项目

1. 专利权

专利权，是指政府对事业单位在某一产品的造型、配方、结构、制造工艺或程序的发明上给予其制造使用和出售等方面的专门权利。事业单位不应将其所拥有的一切专利权都予以资本化，作为无形资产核算。只有对那些能够给事业单位带来较大经济价值的，并且事业单位为此作了支出的专利，才能作为无形资产进行核算。专利权如果是购买的，其记账成本除买价外，还包括支付给有关部门的相关费用；如果是自行开发的，它的成本应包括创造该项专利的试验费用、申请专利登记费用以及聘请律师费用等。

2. 商标权

商标权，是指在某类指定的商品或产品上使用特定的名称或图案的权利。商标经过注册登记，就获得了法律上的保护。单位自创的商标，其注册登记费用不大，不一定作为无形资产来核算。受让商标，一次性支出费用较大的，可以将其本金化，作为无形资产入账核算。其记账价值包括买价、支付的手续费以及其他因受让商标权而发生的费用等。

3. 土地使用权

土地使用权，是指事业单位依法取得的国有土地在一定期间内享有开发、利用、经营等活动的权利。事业单位拥有的并未入账的土地使用权，不能作为无形资产核算；花了较大的代价取得的土地使用权，应予以本金化，将取得时所发生的一切支出，作为土地使用权成本，记入无形资产账户。这里有两种情况：一是事业单位向土地管理部门申请土地使用权时，支付的出让金要作为无形资产入账；二是单位原先通过行政划拨获得土地使用权，没有入账的，在将土地使用权有偿转让、出租、抵押、作价入股和投资时，按规定要补缴土地出让金，补缴的出让金，要作为无形资产入账。

4. 非专利技术

非专利技术，是指运用先进的、未公开的、未申请专利的，可以带来经济效益的技术或者资料，又称"专有技术"、"技术秘密"、"技术诀窍"。事业单位的非专利技术，一般是指在组织事业收入或经营收入过程中取得的有关生产、经营和管理方面未获得专利权的知识、经验和技巧。非专利技术不受《专利法》的保护，但却是一种事实上的专利权，它可以进行转让和投资。

5. 著作权

著作权，又称版权，是指文学、艺术和科学作品等的著作人依法对其作品所拥有的专门权利。著作权一般包括发表权、署名权、修改权、保护作品完整权、使用权和获得报酬权。著作权受国家法律保护。

6. 商誉

商誉，通常是指单位由于所处的地理位置优越，或由于信誉好而赢得了客户的信任，或由于组织得当等原因而形成的一种无形价值。这一概念是随着企业产权有偿转让行为的发生，才在企业财务会计中出现。商誉可以是自己建立的，也可以是外购的，但是只有向外购入时，才能作为无形资产核算。商誉的计价方法很多，也很复杂。由于只有在一个单位购入另一个单位时才发生,通常商誉的价值可以按买者价款总额与买进单位所有净资产总额之间的差额计算。

二、无形资产的初始和后续计量

(一) 无形资产的初始计量

无形资产在取得时,应当按照其实际成本入账。

(1) 外购的无形资产,其成本包括购买价款、相关税费以及可归属于该项资产达到预定用途所发生的其他支出。

购入的无形资产,按照确定的无形资产成本,借记本科目,贷记"非流动资产基金——无形资产"科目;同时,按照实际支付金额,借记"事业支出"等科目,贷记"财政补助收入"、"零余额账户用款额度"、"银行存款"等科目。

(2) 委托软件公司开发软件视同外购无形资产进行处理。

支付软件开发费时,按照实际支付金额,借记"事业支出"等科目,贷记"财政补助收入"、"零余额账户用款额度"、"银行存款"等科目。软件开发完成交付使用时,按照软件开发费总额,借记本科目,贷记"非流动资产基金——无形资产"科目。

(3) 自行开发并按法律程序申请取得的无形资产,按照依法取得时发生的注册费、聘请律师费等费用,借记本科目,贷记"非流动资产基金——无形资产"科目;同时,借记"事业支出"等科目,贷记"财政补助收入"、"零余额账户用款额度"、"银行存款"等科目。

依法取得前所发生的研究开发支出,应于发生时直接计入当期支出,借记"事业支出"等科目,贷记"银行存款"等科目。

(4) 接受捐赠、无偿调入的无形资产,其成本按照有关凭据注明的金额加上相关税费等确定;没有相关凭据的,其成本比照同类或类似无形资产的市场价格加上相关税费等确定;没有相关凭据、同类或类似无形资产的市场价格也无法可靠取得的,该资产按照名义金额入账。

接受捐赠、无偿调入的无形资产,按照确定的无形资产成本,借记本科目,贷记"非流动资产基金——无形资产"科目;按照发生的相关税费等,借记"其他支出"科目,贷记"银行存款"等科目。

【例3-14】某事业单位委托软件公司开发软件,支付软件开发费200 000元。

借:事业支出 200 000
　　贷:银行存款 200 000

同时,

借:无形资产 200 000
　　贷:非流动资产基金——无形资产 200 000

（二）无形资产的后续计量

与无形资产有关的后续支出，应分别以下情况处理：

（1）为增加无形资产的使用效能而发生的后续支出，如对软件进行升级改造或扩展其功能等所发生的支出，应当计入无形资产的成本，借记本科目，贷记"非流动资产基金——无形资产"科目；同时，借记"事业支出"等科目，贷记"财政补助收入"、"零余额账户用款额度"、"银行存款"等科目。

（2）为维护无形资产的正常使用而发生的后续支出，如对软件进行漏洞修补、技术维护等所发生的支出，应当计入当期支出但不计入无形资产成本，借记"事业支出"等科目，贷记"财政补助收入"、"零余额账户用款额度"、"银行存款"等科目。

（3）无形资产摊销。

事业单位应当对无形资产进行摊销，以名义金额计量的无形资产除外。

摊销是指在无形资产使用寿命内，按照确定的方法对应摊销金额进行系统分摊。有关说明如下：

①事业单位应当按照如下原则确定无形资产的摊销年限：法律规定了有效年限的，按照法律规定的有效年限作为摊销年限；法律没有规定有效年限的，按照相关合同或单位申请书中的受益年限作为摊销年限；法律没有规定有效年限、相关合同或单位申请书也没有规定受益年限的，按照不少于10年的期限摊销。

②事业单位应当采用年限平均法对无形资产进行摊销。

③事业单位无形资产的应摊销金额为其成本。

④事业单位应当自无形资产取得当月起，按月计提无形资产摊销。

⑤因发生后续支出而增加无形资产成本的，应当按照重新确定的无形资产成本，重新计算摊销额。

累计摊销的主要账务处理如下：

（1）按月计提无形资产摊销时，按照应计提摊销金额，借记"非流动资产基金——无形资产"科目，贷记本科目。

（2）无形资产处置时，按照所处置无形资产的账面价值，借记"待处置资产损溢"科目，按照已计提摊销，借记本科目，按照无形资产的账面余额，贷记"无形资产"科目。

【例3-15】某事业单位新购进一项无形资产，价值72 000元，计划使用6年，每月计提摊销1 000元。

购进时：

借：事业支出　　　　　　　　　　　　　　　　　　　　　　　　72 000
　　贷：银行存款　　　　　　　　　　　　　　　　　　　　　　　　72 000

同时，

借：无形资产　　　　　　　　　　　　　　　　　　　　　　　72 000
　　贷：非流动资产基金——无形资产　　　　　　　　　　　　　　72 000
按月计提无形资产摊销时：
借：非流动资产基金——无形资产　　　　　　　　　　　　　　　1 000
　　贷：累计摊销　　　　　　　　　　　　　　　　　　　　　　　1 000
假设第五年末对无形资产进行处置
借：待处置资产损溢　　　　　　　　　　　　　　　　　　　　12 000
　　累计摊销　　　　　　　　　　　　　　　　　　　　　　　60 000
　　贷：无形资产　　　　　　　　　　　　　　　　　　　　　　72 000
同时，
借：非流动资产基金——无形资产　　　　　　　　　　　　　　12 000
　　贷：待处置资产损溢　　　　　　　　　　　　　　　　　　　12000

三、无形资产的处置

报经批准转让、无偿调出、对外捐赠无形资产或以无形资产对外投资，应当分别以下情况处理：

（1）转让、无偿调出、对外捐赠无形资产，转入待处置资产时，按照待处置无形资产的账面价值，借记"待处置资产损溢"科目，按照已计提摊销，借记"累计摊销"科目，按照无形资产的账面余额，贷记本科目。

实际转让、调出、捐出时，按照处置无形资产对应的非流动资产基金，借记"非流动资产基金——无形资产"科目，贷记"待处置资产损溢"科目。

转让无形资产过程中取得价款、发生相关税费，以及出售价款扣除相关税费后的净收入的账务处理，参见"待处置资产损溢"科目。

（2）以已入账无形资产对外投资，按照评估价值加上相关税费作为投资成本，借记"长期投资"科目，贷记"非流动资产基金——长期投资"科目，按发生的相关税费，借记"其他支出"科目，贷记"银行存款"、"应缴税费"等科目；同时，按照投出无形资产对应的非流动资产基金，借记"非流动资产基金——无形资产"科目，按照投出无形资产已计提摊销，借记"累计摊销"科目，按照投出无形资产的账面余额，贷记本科目。

（3）无形资产预期不能为事业单位带来服务潜力或经济利益的，应当按规定报经批准后将该无形资产的账面价值予以核销。

转入待处置资产时，按照待核销无形资产的账面价值，借记"待处置资产损溢"科目，按照已计提摊销，借记"累计摊销"科目，按照无形资产的账面余额，贷记本科目。

报经批准予以核销时，按照核销无形资产对应的非流动资产基金，借记"非流动资产基金——无形资产"科目，贷记"待处置资产损溢"科目。

(4) 本科目期末借方余额,反映事业单位无形资产的原价。

【例3-16】某事业单位打算无偿调出内部的一项无形资产,该无形资产的原值为100 000元,已计提摊销20 000元。

借:待处理资产损溢　　　　　　　　　　　　　　　　80 000
　　累计摊销　　　　　　　　　　　　　　　　　　　20 000
　　贷:无形资产　　　　　　　　　　　　　　　　　　　　　100 000

实际调出时

借:非流动资产基金——无形资产　　　　　　　　　　80 000
　　贷:待处理资产损溢　　　　　　　　　　　　　　　　　　80 000

第五节　待处理资产损溢

一、待处理资产损溢的概念

"待处理资产损溢"科目核算事业单位待处置资产的价值及处置损溢。

事业单位资产处置包括资产的出售、出让、转让、对外捐赠、无偿调出、盘亏、报废、损毁以及货币性资产损失核销等。

本科目应当按照待处置资产项目进行明细核算;对于在处置过程中取得的相关收入、发生的相关费用的处置项目,还应设置"处置资产价值"、"处置净收入"明细科目,进行明细核算。

二、待处理资产损溢的账务处理

事业单位处置资产一般应当先记入本科目,按规定报经批准后及时进行账务处理。年度终了结账前一般应处理完毕。待处置资产损溢的主要账务处理如下:

(一) 按规定报经批准予以核销的应收及预付款项、长期股权投资、无形资产

(1) 转入待处置资产时,借记本科目(核销无形资产的,还应借记"累计摊销"科目),贷记"应收账款"、"预付账款"、"其他应收款"、"长期投资"、"无形资产"等科目。

(2) 报经批准予以核销时,借记"其他支出"科目(应收及预付款项核销)或"非流动资产基金——长期投资、无形资产"科目(长期投资、无形资产核销),贷记本科目。

(二) 盘亏或者损毁、报废的存货、固定资产

(1) 转入待处置资产时,借记本科目(处置资产价值)(处置固定资产的,还应借记

"累计折旧"科目),贷记"存货"、"固定资产"等科目。

(2) 报经批准予以处置时,借记"其他支出"科目(处置存货)或"非流动资产基金——固定资产"科目(处置固定资产),贷记本科目(处置资产价值)。

(3) 处置损毁、报废存货、固定资产过程中收到残值变价收入、保险理赔和过失人赔偿等,借记"库存现金"、"银行存款"等科目,贷记本科目(处置净收入)。

(4) 处置损毁、报废存货、固定资产过程中发生相关费用,借记本科目(处置净收入),贷记"库存现金"、"银行存款"等科目。

(5) 处置完毕,按照处置收入扣除相关处置费用后的净收入,借记本科目(处置净收入),贷记"应缴国库款"等科目。

(三) 对外捐赠、无偿调出存货、固定资产、无形资产

(1) 转入待处置资产时,借记本科目(捐赠、调出固定资产、无形资产的,还应借记"累计折旧"、"累计摊销"科目),贷记"存货"、"固定资产"、"无形资产"等科目。

(2) 实际捐出、调出时,借记"其他支出"科目(捐出、调出存货)或"非流动资产基金——固定资产、无形资产"科目(捐出、调出固定资产、无形资产),贷记本科目。

(四) 转让(出售)长期股权投资、固定资产、无形资产

(1) 转入待处置资产时,借记本科目(处置资产价值)(转让固定资产、无形资产的,还应借记"累计折旧"、"累计摊销"科目),贷记"长期投资"、"固定资产"、"无形资产"等科目。

(2) 实际转让时,借记"非流动资产基金——长期投资、固定资产、无形资产"科目,贷记本科目(处置资产价值)。

(3) 转让过程中取得价款、发生相关税费,以及转让价款扣除相关税费后的净收入的账务处理,按照国家有关规定,比照本节"(二)盘亏或者损毁、报废的存货、固定资产"进行处理。

待处理财产损溢科目期末如为借方余额,反映尚未处置完毕的各种资产价值及净损失;期末如为贷方余额,反映尚未处置完毕的各种资产净溢余。年度终了报经批准处理后,本科目一般应无余额。

第六节 新旧会计制度资产核算的变化

一、资产核算的差别

(一) 具体科目设置变化

新事业单位会计制度与旧事业单位会计制度的变化如表3-1所示:

表3-1 新旧事业单位会计制度资产科目设置差别

序号	新事业单位会计制度会计科目		旧事业单位会计制度会计科目	
	科目编号	科目名称	编号	名称
1	1001	库存现金	101	现金
2	1002	银行存款	102	银行存款
3	1011	零余额账户用款额度	103	零余额账户用款额度
4	1101	短期投资	117	对外投资
5	1401	长期投资		
6	1201	财政应返还额度	125	财政应返还额度
	120101	财政直接支付		财政直接支付
	120102	财政授权支付		财政授权支付
7	1211	应收票据	105	应收票据
8	1212	应收账款	106	应收账款
9	1213	预付账款	108	预付账款
10	1215	其他应收款	110	其他应收款
11	1301	存货	115	材料
			116	产成品
			509	成本费用
12	1501	固定资产	120	固定资产
13	1502	累计折旧		
14	1511	在建工程		
15	1601	无形资产	124	无形资产
16	1602	累计摊销		
17	1701	待处理资产损溢		

（二）资产核算科目变化

新事业单位会计制度关于资产核算科目主要做了以下调整：

1. 核算内容变化的科目

"库存现金"科目，增加现金溢余或者短缺情况的会计处理。

"银行存款"科目，细化有关外币业务的会计处理规定。

"存货"科目，增加了对接受捐赠存货、委托加工存货、对外捐赠存货、对外出售存货等业务的处理规定；对存货盘盈盘亏要求通过"待处理财产损溢"科目处理。

"固定资产"科目，增加了计提折旧的会计处理规定；进一步明确了不同情形下取得的固定资产的计量标准；对固定资产盘盈盘亏要求通过"待处理资产损溢"科目处理。

2. 取消的核算科目

新会计制度取消的核算科目有：暂付款、有价证券、材料、产成品、成本费用。

3. 新增的核算科目

新会计制度新增的核算科目有：应收账款、预付账款、其他应收款、累计折旧、在建工程、无形资产、累计摊销、待处理资产损溢等。

二、新旧会计制度的衔接

（一）"现金"、"银行存款"、"零余额账户用款额度"、"财政应返还额度"、"应收票据"、"应收账款"、"预付账款"、"其他应收款"科目

新制度设置了"库存现金"、"银行存款"、"零余额账户用款额度"、"财政应返还额度"、"应收票据"、"应收账款"、"预付账款"、"其他应收款"科目，其核算内容与原账中上述相应科目的核算内容基本相同。转账时，应将原账中上述科目的余额直接转入新账中相应科目。新账中相应科目设有明细科目的，应将原账中上述科目的余额加以分析，分别转入新账中相应科目的相关明细科目。

（二）"材料"、"产成品"、"成本费用"科目

新制度未设置"材料"、"产成品"、"成本费用"科目，但设置了"存货"科目，其核算范围包括原账中"材料"、"产成品"、"成本费用"科目的核算内容。转账时，应将原账中"材料"、"产成品"、"成本费用"科目的余额分析转入新账中"存货"科目的相关明细科目。

（三）"对外投资"科目

新制度将事业单位的对外投资划分为短期投资和长期投资，相应设置了"短期投资"、"长期投资"两个科目，两个科目的核算内容与原账中"对外投资"科目的核算内容基本相同。转账时，应对原账中"对外投资"科目的余额进行分析：将依法取得的、持有时间不超过1年（含1年）的对外投资余额转入新账中"短期投资"科目，将剩余余额转入新账中"长期投资"科目。

（四）"固定资产"科目

新制度设置了"固定资产"科目，由于固定资产价值标准提高，原账中作为固定资产核算的实物资产，将有一部分要按照新制度转为低值易耗品。转账时，应当根据重新确定的固定资产目录，对原账中"固定资产"科目的余额进行分析：

（1）对于达不到新制度中固定资产确认标准的，应当将相应余额转入新账中"存货"科目，将相应的"固定基金"科目余额转入新账中"事业基金"科目；对于已领用出库的，还应同时将其成本一次性摊销，同时做好相关实物资产的登记管理工作，在新账中，借记"事业基金"科目，贷记"存货"科目。

（2）对于符合新制度中固定资产确认标准的，应当将相应余额转入新账中"固定资产"科目。

（五）"无形资产"科目

新制度设置了"无形资产"科目，核算无形资产的原价。原账中"无形资产"科目余额反映的是尚未摊销的无形资产价值。转账时，将原账中"无形资产"科目的余额转入新账中的"无形资产"科目，同时将相应的"事业基金"科目余额转入新账中"非流动资产基金——无形资产"科目。

事业单位按新制度规定对无形资产进行摊销的，应当自 2013 年 1 月 1 日起设置和启用"累计摊销"科目，以"无形资产"科目 2013 年 1 月 1 日的期初余额为原价，按新制度规定进行摊销。

（六）基建账目

事业单位应当按照新制度的要求，在按国家有关规定单独核算基本建设投资的同时，将基建账相关数据并入单位会计"大账"。新制度设置了"在建工程"科目，该科目为新设科目。事业单位应当在新账中"在建工程"科目下设置"基建工程"明细科目，核算由基建账并入的在建工程成本。

将 2012 年 12 月 31 日原基建账中相关科目余额并入新账时：按照基建账中"建筑安装工程投资"、"设备投资"、"待摊投资"、"预付工程款"等科目余额，借记新账中"在建工程——基建工程"科目；按照基建账中"交付使用资产"等科目余额，借记新账中"固定资产"等科目；按照基建账中"基建投资借款"科目余额，贷记新账中"长期借款"科目；按照基建账中"建筑安装工程投资"、"设备投资"、"待摊投资"、"预付工程款"、"交付使用资产"等科目余额，贷记新账中"非流动资产基金"科目的相关明细科目；按照基建账中"基建拨款"科目余额中归属于财政补助结转的部分，贷记新账中"财政补助结转"科目；按照基建账中其他科目余额，分析调整新账中相应科目；按照上述借贷方差额，贷记或借记新账中"事业基金"科目。

事业单位执行新制度后，应当至少按月根据基建账中相关科目的发生额，在"大账"中按照新制度对基建相关业务进行会计处理。

第四章 负债

第一节 负债概述

一、负债的概念与分类

(一) 负债的概念

负债是指事业单位所承担的能以货币计量，需要以资产或者劳务偿还的债务。

1. 对负债概念的理解

(1) 负债是事业单位在过去和现实的经济业务中产生的，且在未来偿还的一项经济负担。

它代表事业单位未来资金的交付、资产或劳务的提供，但未来经济业务可能发生的负债，不包括在会计负债中。

(2) 负债须以货币计量。

有些负债的金额要根据经营情况而确定（如应交所得税），对其偿付金额可以做出合理的估计，但难以用货币计量的负债就不能入账。

(3) 负债须有确切的债权人和到期日。

对于可以做出合理估计的，有确切的债权人和到期日的义务，应确认为负债；对于某些不能合理估计的，但是有可能在将来发生损失的事项，在资产负债表中予以揭示。

2. 负债的确认条件

事业单位的某项义务确认为负债时，除了符合负债的定义外，还应当同时满足以下两个条件：

(1) 与该利益有关的经济利益很可能流出事业单位。

从事业单位负债的定义来看，负债预期会导致经济利益流出事业单位，但是履行义务所流出事业单位的经济利益带有不确定性。因此，事业单位负债的确认应当与经济利益可能流出的不确定性程度的判断结合起来。如果有确凿证据表明，与该义务相关的经济利益很可能流出事业单位，就应当将其作为负债予以确认；反之，如果事业单位承担该义务，但是引起经济利益流出事业单位的可能性不复存在，就不符合负债的确认条件，不应当确认为负债。

（2）未来流出的经济利益的金额能够可靠地计量。

事业单位负债的确认在考虑经济利益流出事业单位的同时，对于未来流出的经济利益的金额应当能够可靠计量。对于与法定义务有关的经济利益流出金额，通常可以根据合同或者法律规定的金额进行确定。

（3）负债的计量。

代收的各种款项，如代收的预算资金、代收的预算外资金，在实际收到但尚未上缴时，应作为负债入账。

借入款项，一般不预计利息支出，实际支付利息时，将其计入事业支出或经营支出。

（二）负债的分类

负债的流动性主要是就负债的偿还期限来说的。在1年内（含1年）偿还的负债称为流动负债，流动负债以外的负债称为非流动负债。

这要区别于资产的流动性，资产流动性主要是就资产的变现能力来说的。即资产能够在较短时间内变现，且不遭受或者遭受很小的价值损失。

事业单位负债按照不同的分类标准划分时，划分的类别也不相同。按照流动性进行划分是比较常见和实用的一种。事业单位的负债按照流动性，可分为流动负债和非流动负债。

1. 流动负债

事业单位的流动负债包括短期借款、应付及预收款项、应付职工薪酬、应缴款项等。

（1）短期借款。

短期借款是指事业单位借入的期限在1年内（含1年）的各种借款。从经济意义上来看，短期借款实质上反映了事业单位与资金供给之间短期资金借贷的关系。

（2）应付及预收款项。

应付及预收款项是指事业单位在开展业务活动中发生的各项债务，包括应付票据、应付账款、其他应付款等应付款项和预收账款。

应付票据是指事业单位因购买材料、物资等而开出、承兑的商业汇票，包括银行承兑汇票和商业承兑汇票。

应付账款是指事业单位因购买材料、物资等应付而未付的款项。这是买卖双方在购销活动中由于取得物资与支付货款在时间上不一致而产生的负债。

预收账款是指事业单位按合同规定预收的款项。

其他应付款是指事业单位除应缴税费、应缴国库款、应缴财政专户款、应付职工薪酬、应付票据、应付账款、预收账款之外的其他各项偿还期限在1年以内（含1年）的应付款，如存入保证金等。

(3) 应付职工薪酬。

应付职工薪酬是指事业单位应付未付的职工工资、津贴补贴等。包括基本工资、绩效工资、国家统一规定的津贴补贴、社会保险费、住房公积金等。从经济意义上来看，应付职工薪酬实质上反映了事业单位与职工之间提供劳务和支付报酬的关系。

(4) 应缴款项。

应缴款项是指事业单位应缴未缴的各种款项，包括应当上缴国库或者财政专户的款项、应缴税费，以及其他按照国家有关规定应当上缴的款项。

应缴国库款，是指事业单位按规定取得的应上缴国家预算的各种款项。包括以下内容：事业单位代收的纳入预算管理的基金、纳入预算管理的行政性收费收入、罚没收入，其他按预算管理规定应上缴预算的款项。

应缴财政专户款，是指事业单位按规定代收的应上缴财政专户的事业单位收入。财政专户实际上是财政预算外资金专户的简称。按照国务院的有关规定，各事业单位根据国家法律和具有法律效力的规章而收取、提留和安排使用的未纳入国家预算管理的各种财政性资金，属于预算外资金。事业单位的预算外资金主要包括：根据国家法律、法规规定收取、提取的各种行政性收费、基金和附加收入等；国务院或省级人民政府及其财政、计划（物价）部门审批的行政性收费；主管部门从所属单位集中地上缴资金；用于乡镇政府开支的自筹资金和统筹资金；其他未纳入预算管理的财政性资金。

应缴税费，是指事业单位按照税法等规定计算应缴纳的各种税费，包括营业税、增值税、城市维护建设税、教育费附加、车船税、房产税、城镇土地使用税、企业所得税等。事业单位代扣代缴的个人所得税，也通过本科目核算，事业单位应缴纳的印花税不需要预提应缴税费，直接通过支出等有关科目核算，不在本科目核算。

2. 非流动负债

事业单位的非流动负债包括长期借款、长期应付款等。

(1) 长期借款。

长期借款是指事业单位借入的期限超过1年（不含1年）的各种借款。

(2) 长期应付款。

长期应付款是指事业单位发生的偿还期限超过1年（不含1年）的应付款项，主要指事业单位融资租入固定资产发生的应付租赁款。

二、负债的确认和计量

事业单位的负债应当按照合同金额或实际发生额进行计量。事业单位的负债应当按照实际发生额入账，即事业单位发生的负债不需要考虑时间价值因素和市价因素，只需要按照实际发生额入账。事业单位的负债一旦入账，在负债的存续期间不允许按照市价或者其他公允价值进行调整。

三、负债的管理要求

事业单位应当对不同性质的负债分类管理,及时清理并按照规定办理结算,保证各项负债在规定期限内归还。事业单位应当建立健全财务风险控制机制,规范和加强借入款项管理,严格执行审批程序,不得违反规定举借债务和提供担保。

第二节　流动负债

一、短期借款

(一)短期借款概念

短期借款是指事业单位借入的期限在1年内(含1年)的各种借款。从经济意义上来看,短期借款实质上反映了事业单位与资金供给之间短期资金借贷的关系。

对于短期借款的核算应当按照贷款单位和贷款种类进行明细核算。

(二)短期借款账务处理

(1)借入各种短期借款时,按照实际借入的金额,借记"银行存款"科目,贷记本科目。

(2)银行承兑汇票到期,本单位无力支付票款的,按照银行承兑汇票的票面金额,借记"应付票据"科目,贷记本科目。

(3)支付短期借款利息时,借记"其他支出"科目,贷记"银行存款"科目。

(4)归还短期借款时,借记本科目,贷记"银行存款"科目。

本科目期末贷方余额,反映事业单位尚未偿还的短期借款本金。

【例4-1】某事业单位为满足事业业务发展的资金需要,从中国建设银行×××支行借入100 000元,借款期限8个月,年利率6%.

借:银行存款　　　　　　　　　　　　　　　　　　　　　　100 000
　　贷:短期借款——建设银行×××支行　　　　　　　　　　100 000

【例4-2】某事业单位到期归还上述短期借款,并支付借款利息。

借款利息 = 100 000 × 6% × 8/12 = 4 000元

借:短期借款　　　　　　　　　　　　　　　　　　　　　　100 000
　　其他支出——利息支出　　　　　　　　　　　　　　　　　4 000
　　贷:银行存款　　　　　　　　　　　　　　　　　　　　104 000

二、应缴税费

(一) 应缴税费概念

应缴税费,是指事业单位按照税法等规定计算应缴纳的各种税费,包括营业税、增值税、城市维护建设税、教育费附加、车船税、房产税、城镇土地使用税、企业所得税等。

事业单位代扣代缴的个人所得税,也通过本科目核算,事业单位应缴纳的印花税不需要预提应缴税费,直接通过支出等有关科目核算,不在本科目核算。

应缴税费科目应当按照应缴纳的税费种类进行明细核算。属于增值税一般纳税人的事业单位,其应缴增值税明细账中应设置"进项税额"、"已交税金"、"销项税额"、"进项税额转出"等专栏。

(二) 应缴税费账务处理

(1) 发生营业税、城市维护建设税、教育费附加纳税义务的,按税法规定计算的应缴税费金额,借记"待处置资产损溢——处置净收入"科目(出售不动产应缴的税费)或有关支出科目,贷记本科目。实际缴纳时,借记本科目,贷记"银行存款"科目。

【例4-3】某教育单位转让自行开发研制的无形资产,转让价款100 000元存入银行,开发成本40 000元,营业税率为5%,尚未缴纳。

转入待处置资产时:

借:待处置资产损溢　　　　　　　　　　　　　　　　　40 000
　　贷:无形资产　　　　　　　　　　　　　　　　　　　40 000

收到转让价款时:

借:非流动资产基金——无形资产　　　　　　　　　　　40 000
　　贷:待处置资产损溢　　　　　　　　　　　　　　　　40 000
借:银行存款　　　　　　　　　　　　　　　　　　　　100 000
　　贷:事业收入　　　　　　　　　　　　　　　　　　 100 000
借:事业支出　　　　　　　　　　　　　　　　　　　　　2 000
　　贷:应缴税费——应缴营业税　　　　　　　　　　　　2 000

【例4-4】某事业单位经过计算,本月经营业务提供应税劳务应缴纳营业税30 000元,应缴纳城市维护建设税2 100元,应缴纳教育费附加450元。

借:经营支出——税费支出　　　　　　　　　　　　　　32 550
　　贷:应缴税费——应缴营业税　　　　　　　　　　　 30 000
　　　　　　　　——应缴城市维护建设税　　　　　　　　2 100
　　　　　　　　——应缴教育费附加　　　　　　　　　　　450

【例 4-5】 某事业单位缴纳上述应缴税费 32 550 元。

借：应缴税费——应缴营业税　　　　　　　　　　　　　　30 000
　　　　　　——应缴城市维护建设税　　　　　　　　　　　2 100
　　　　　　——应缴教育费附加　　　　　　　　　　　　　　450
　　贷：银行存款　　　　　　　　　　　　　　　　　　　　32 550

（2）属于增值税一般纳税人的事业单位购入非自用材料的，按确定的成本（不含增值税进项税额），借记"存货"科目，按增值税专用发票上注明的增值税额，借记本科目（应缴增值税——进项税额），按实际支付或应付的金额，贷记"银行存款"、"应付账款"等科目。

属于增值税一般纳税人的事业单位所购进的非自用材料发生盘亏、损毁、报废、对外捐赠、无偿调出等税法规定不得从增值税销项税额中抵扣进项税额的，将所购进的非自用材料转入待处置资产时，按照材料的账面余额与相关增值税进项税额转出金额的合计金额，借记"待处置资产损溢"科目，按材料的账面余额，贷记"存货"科目，按转出的增值税进项税额，贷记本科目（应缴增值税——进项税额转出）。

【例 4-6】 某事业单位在年底盘点存货时，发现以前年度购进的非自用材料发生损毁，损毁材料价值 20 000 元，购进时的进项增值税为 3 400 元。

借：待处置资产损溢　　　　　　　　　　　　　　　　　　23 400
　　贷：存货——非自用材料　　　　　　　　　　　　　　20 000
　　　　应缴税费——应缴增值税（进项税额转出）　　　　3 400

属于增值税一般纳税人的事业单位销售应税产品或提供应税服务，按包含增值税的价款总额，借记"银行存款"、"应收账款"、"应收票据"等科目，按扣除增值税销项税额后的价款金额，贷记"经营收入"等科目，按增值税专用发票上注明的增值税金额，贷记本科目（应缴增值税——销项税额）。

属于增值税一般纳税人的事业单位实际缴纳增值税时，借记本科目（应缴增值税——已交税金），贷记"银行存款"科目。

属于增值税小规模纳税人的事业单位销售应税产品或提供应税服务，按实际收到或应收的价款，借记"银行存款"、"应收账款"、"应收票据"等科目，按实际收到或应收价款扣除增值税额后的金额，贷记"经营收入"等科目，按应缴增值税金额，贷记本科目（应缴增值税）。实际缴纳增值税时，借记本科目（应缴增值税），贷记"银行存款"科目。

【例 4-7】 某事业单位购入自用材料一批用于事业业务，材料不含税价格为 10 000 元，增值税进项税额为 1 700 元，货款共计 11 700 元，通过单位的零余额账户支付。

借：存货——自用材料　　　　　　　　　　　　　　　　　11 700
　　贷：零余额账户用款额度　　　　　　　　　　　　　　11 700

【例4-8】某事业单位属于增值税一般纳税人,购入经营用材料一批用于生产加工,材料不含税价格共计10 000元,增值税进项税额为1 700元,货款共计11 700元,通过银行转账支付。

借:存货——经营材料　　　　　　　　　　　　　　　　　　　　10 000
　　应缴税费——应缴增值税(进项税额)　　　　　　　　　　　　1 700
　　贷:银行存款　　　　　　　　　　　　　　　　　　　　　　　11 700

【例4-9】某事业单位属于增值税一般纳税人,经营业务为销售商品,销售商品不含税价格共计20 000元,增值税销项税额3 400元,货款共计23 400元,款项尚未收到。

借:应收账款　　　　　　　　　　　　　　　　　　　　　　　　23 400
　　贷:经营收入　　　　　　　　　　　　　　　　　　　　　　　20 000
　　　　应缴税费——应缴增值税(销项税额)　　　　　　　　　　 3 400

【例4-10】某事业单位属于增值税小规模纳税人,经营业务为销售商品,销售商品含税价格为50 000元,应缴增值税8 500元。款项已经收到并存入单位的银行账户。

借:银行存款　　　　　　　　　　　　　　　　　　　　　　　　58 500
　　贷:经营收入　　　　　　　　　　　　　　　　　　　　　　　50 000
　　　　应缴税费——应缴增值税　　　　　　　　　　　　　　　　8 500

(3)发生房产税、城镇土地使用税、车船税纳税义务的,按税法规定计算的应缴税金数额,借记有关科目,贷记本科目。实际缴纳时,借记本科目,贷记"银行存款"科目。

【例4-11】某事业单位用车本年应缴纳车船税1 000元。

借:事业支出——财政补助支出(基本支出)　　　　　　　　　　　1 000
　　贷:应缴税费——应缴车船税　　　　　　　　　　　　　　　　1 000

(4)代扣代缴个人所得税的,按税法规定计算应代扣代缴的个人所得税金额,借记"应付职工薪酬"科目,贷记本科目。实际缴纳时,借记本科目,贷记"银行存款"科目。

(5)发生企业所得税纳税义务的,按税法规定计算的应缴税金数额,借记"非财政补助结余分配"科目,贷记本科目。实际缴纳时,借记本科目,贷记"银行存款"科目。

【例4-12】某事业单位按照税法固定计算得出,应缴纳企业所得税10 000元。

借:非财政补助结余分配　　　　　　　　　　　　　　　　　　　10 000
　　贷:应缴税费——应缴企业所得税　　　　　　　　　　　　　　10 000

【例4-13】该事业单位缴纳企业所得税10 000元。

借:应缴税费——应缴企业所得税　　　　　　　　　　　　　　　10 000
　　贷:银行存款　　　　　　　　　　　　　　　　　　　　　　　10 000

(6)发生其他纳税义务的,按照应缴纳的税费金额,借记有关科目,贷记本科目。实际缴纳时,借记本科目,贷记"银行存款"等科目。

本科目期末借方余额，反映事业单位多缴纳的税费金额；本科目期末贷方余额，反映事业单位应缴未缴的税费金额。

三、应缴国库款

（一）应缴国库款概念

应缴国库款，是指事业单位按规定取得的应上缴国家预算的各种款项。包括以下内容：事业单位代收的纳入预算管理的基金、纳入预算管理的行政性收费收入、罚没收入，其他按预算管理规定应上缴预算的款项。

应缴国库款按照应缴国库的各款项类别进行明细核算。

（二）应缴国库款账务处理

（1）按规定计算确定或实际取得应缴国库的款项时，借记有关科目，贷记本科目。

（2）事业单位处置资产取得的应上缴国库的处置净收入的账务处理，参见"待处置资产损溢"科目。

（3）上缴款项时，借记本科目，贷记"银行存款"等科目。

本科目期末贷方余额，反映事业单位应缴入国库但尚未缴纳的款项。

【例4-14】该事业单位根据其职能要求，开出"非税收入缴款书"，待收政府性基金收费100 000元。此款项纳入财政预算管理，需要上交国库。

  借：银行存款   100 000
    贷：应缴国库款——非税收收入（政府性基金） 100 000

【例4-15】该事业单位按规定上缴上述应上缴国库的预算款项。

  借：应缴国库款——非税收收入（政府性基金） 100 000
    贷：银行存款   100 000

四、应缴财政专户款

（一）应缴财政专户款概念

应缴财政专户款，是指事业单位按规定代收的应上缴财政专户的事业单位收入。财政专户实际上是财政预算外资金专户的简称。

按照国务院的有关规定，各事业单位根据国家法律和具有法律效力的规章而收取、提留和安排使用的未纳入国家预算管理的各种财政性资金，属于预算外资金。事业单位的预算外资金主要包括：根据国家法律、法规规定收取、提取的各种行政性收费、基金和附加收入等；国务院或省级人民政府及其财政、计划（物价）部门审批的行政性收费；主管部门从所属单位集中地上缴资金；用于乡镇政府开支的自筹资金和统筹资金；其他未纳入预算管理的财政性资金。

（二）应缴财政专户款账务处理

（1）取得应缴财政专户的款项时，借记有关科目，贷记本科目。

（2）上缴款项时，借记本科目，贷记"银行存款"等科目。

本科目期末贷方余额，反映事业单位应缴入财政专户但尚未缴纳的款项。

【例4-16】某事业单位收到一项事业性收费5 000元，已经存入银行账户。此款项纳入财政专户管理，按规定需要全额上缴财政专户。

借：银行存款   5 000
  贷：应缴财政专户款——非税收入（事业收费）   5 000

【例4-17】某事业单位实行预算外资金按比例上缴财政专户办法。按照规定，对于取得的预算外资金，按80%上缴财政专户。该单位某日收到某项预算外资金10 000元，将其中的8 000元上缴财政专户。

借：银行存款   10 000
  贷：事业收入   2 000
    应缴财政专户款   8 000
借：应缴财政转户款   8 000
  贷：银行存款   8 000

五、应付职工薪酬

（一）应付职工薪酬概念

应付职工薪酬是指事业单位应付未付的职工工资、津贴补贴等，包括基本工资、绩效工资、国家统一规定的津贴补贴、社会保险费、住房公积金等。从经济意义上来看，应付职工薪酬实质上反映了事业单位与职工之间提供劳务和支付报酬的关系。

本科目应当根据国家有关规定按照"工资（离退休费）"、"地方（部门）津贴补贴"、"其他个人收入"以及"社会保险费"、"住房公积金"等进行明细核算。

（二）应付职工薪酬账务处理

（1）计算当期应付职工薪酬，借记"事业支出"、"经营支出"等科目，贷记本科目。

（2）向职工支付工资、津贴补贴等薪酬，借记本科目，贷记"财政补助收入"、"零余额账户用款额度"、"银行存款"等科目。

（3）按税法规定代扣代缴个人所得税，借记本科目，贷记"应缴税费——应缴个人所得税"科目。

（4）按照国家有关规定缴纳职工社会保险费和住房公积金，借记本科目，贷记"财政补助收入"、"零余额账户用款额度""银行存款"等科目。

（5）从应付职工薪酬中支付其他款项，借记本科目，贷记"财政补助收入"、"零余额账户用款额度"、"银行存款"等科目。

本科目期末贷方余额,反映事业单位应付未付的职工薪酬。

【例4-18】某事业单位计算本月应付在职事业编制人员的职工薪酬,应付工资为工资为840 000元,应付地方(或部门)津贴补贴490 000元,应付其他个人收入为60 000元,应付社会保险费294 000元(个人承担),应付住房公积金133 000元(个人承担)。

借:事业支出——财政补助支出　　　　　　　　　　　　1 817 000
　　贷:应付职工薪酬——基本工资　　　　　　　　　　　　840 000
　　　　　　　　　　——地方(或部门)津贴补贴　　　　　490 000
　　　　　　　　　　——其他个人收入　　　　　　　　　　60 000
　　　　　　　　　　——社会保险费　　　　　　　　　　　294 000
　　　　　　　　　　——住房公积金　　　　　　　　　　　133 000

支付工资时:

借:应付职工薪酬——工资　　　　　　　　　　　　　　　840 000
　　　　　　　　——地方(或部门)津贴补贴　　　　　　　490 000
　　　　　　　　——其他个人收入　　　　　　　　　　　　60 000
　　　　　　　　——社会保险费　　　　　　　　　　　　　294 000
　　　　　　　　——住房公积金　　　　　　　　　　　　　133 000
　　贷:银行存款　　　　　　　　　　　　　　　　　　　1 817 000

六、应付及预收款项

(一)应付票据

1. 应付票据概念

应付票据是指事业单位因购买材料、物资等而开出、承兑的商业汇票,包括银行承兑汇票和商业承兑汇票。

2. 应付票据账务处理

(1)开出、承兑商业汇票时,借记"存货"等科目,贷记本科目。

以承兑商业汇票抵付应付账款时,借记"应付账款"科目,贷记本科目。

(2)支付银行承兑汇票的手续费时,借记"事业支出"、"经营支出"等科目,贷记"银行存款"等科目。

(3)商业汇票到期时,应当分别以下情况处理:

收到银行支付到期票据的付款通知时,借记本科目,贷记"银行存款"科目。

银行承兑汇票到期,本单位无力支付票款的,按照汇票票面金额,借记本科目,贷记"短期借款"科目。

商业承兑汇票到期,本单位无力支付票款的,按照汇票票面金额,借记本科目,贷记"应付账款"科目。

事业单位应当设置"应付票据备查簿",详细登记每一应付票据的种类、号数、出票日期、到期日、票面金额、交易合同号、收款人姓名或单位名称,以及付款日期和金额等资料。应付票据到期结清票款后,应当在备查簿内逐笔注销。

本科目期末贷方余额,反映事业单位开出、承兑的尚未到期的商业汇票票面金额。

【例4-19】某事业单位20×3年3月2日购入所需物资,共计60 000元,货物已经验收入库,并交付供货方金额60 000元的银行承兑汇票。

借:存货　　　　　　　　　　　　　　　　　　　　　　　　　　60 000
　　贷:应付票据　　　　　　　　　　　　　　　　　　　　　　　　60 000

若该银行承兑汇票已到期,收到银行支付到期票据的付款通知时,

借:应付票据　　　　　　　　　　　　　　　　　　　　　　　　60 000
　　贷:银行存款　　　　　　　　　　　　　　　　　　　　　　　　60 000

若该银行承兑汇票到期,无力支付票据

借:应付票据　　　　　　　　　　　　　　　　　　　　　　　　60 000
　　贷:短期借款　　　　　　　　　　　　　　　　　　　　　　　　60 000

(二) 应付账款

1. 应付账款概念

应付账款是指事业单位因购买材料、物资等应付而未付的款项。这是买卖双方在购销活动中由于取得物资与支付货款在时间上不一致而产生的负债。

2. 应付账款账务处理

(1) 购入材料、物资等已验收入库但货款尚未支付的,按照应付未付金额,借记"存货"等科目,贷记本科目。

(2) 偿付应付账款时,按照实际支付的款项金额,借记本科目,贷记"银行存款"等科目。

(3) 开出、承兑商业汇票抵付应付账款,借记本科目,贷记"应付票据"科目。

(4) 无法偿付或债权人豁免偿还的应付账款,借记本科目,贷记"其他收入"科目。

本科目期末贷方余额,反映事业单位尚未支付的应付账款。

【例4-20】某事业单位向某供应商购买自用材料一批,含增值税价格为2 340元,材料已经入库,款项未付。

借:存货——自用材料　　　　　　　　　　　　　　　　　　　2 340
　　贷:应付账款——某供应商　　　　　　　　　　　　　　　　　2 340

【例4-21】某事业单位的一项应付账款账面余额为1 700元,因债权人豁免偿还予以核销。

借:应付账款——某供应商　　　　　　　　　　　　　　　　　1 700
　　贷:其他收入　　　　　　　　　　　　　　　　　　　　　　　1 700

(三) 预收账款

1. 预收账款概念

预收账款是指事业单位按合同规定预收的款项。这是买卖双方协议商定,由购货方先支付给供货方而发生的一项负债。预收账款似然表现为货币资金的增加,但并不是事业单位的收入,实质上是一种负债。

2. 预收账款账务处理

(1) 从付款方预收款项时,按照实际预收的金额,借记"银行存款"等科目,贷记本科目。

(2) 确认有关收入时,借记本科目,按照应确认的收入金额,贷记"经营收入"等科目,按照付款方补付或退回付款方的金额,借记或贷记"银行存款"等科目。

(3) 无法偿付或债权人豁免偿还的预收账款,借记本科目,贷记"其他收入"科目。

本科目期末贷方余额,反映事业单位按合同规定预收但尚未实际结算的款项。

【例4-22】20×3年5月,某事业单位与某企业签订购货协议,该企业在事业单位订购A产品,共计500 000元,按照购货协议,企业需要按购货金额的20%预先支付给该企业,A产品于9月全部交付,并验收入库,且事业单位已经收到相应货款。

借:银行存款　　　　　　　　　　　　　　　　　　　100 000
　　贷:预收账款　　　　　　　　　　　　　　　　　　100 000
借:银行存款　　　　　　　　　　　　　　　　　　　400 000
　　预收账款　　　　　　　　　　　　　　　　　　　100 000
　　贷:经营收入　　　　　　　　　　　　　　　　　　500 000

(四) 其他应付款

1. 其他应付款概念

其他应付款是指事业单位除应缴税费、应缴国库款、应缴财政专户款、应付职工薪酬、应付票据、应付账款、预收账款之外的其他各项偿还期限在1年以内(含1年)的应付款,如存入保证金等。

2. 其他应付款账务处理

(1) 发生其他各项应付及暂收款项时,借记"银行存款"等科目,贷记本科目。

(2) 支付其他应付款项时,借记本科目,贷记"银行存款"等科目。

(3) 无法偿付或债权人豁免偿还的其他应付款项,借记本科目,贷记"其他收入"科目。

本科目期末贷方余额,反映事业单位尚未支付的其他应付款。

【例4-23】某事业单位代职工订阅杂志,预收款项1 000元,款项存入银行。

借:银行存款　　　　　　　　　　　　　　　　　　　　1 000
　　贷:其他应付款——书报费　　　　　　　　　　　　　1 000

【例4-24】某事业单位向某企业退回原向其收取的业务保证金35 000元。

借：其他应付款—业务保证金　　　　　　　　　　　　　　35 000
　　贷：银行存款　　　　　　　　　　　　　　　　　　　　　　35 000

第三节　非流动负债

一、长期借款

（一）长期借款概念

长期借款是事业单位借入的期限超过1年（不含1年）的各种借款。长期借款的偿付方式一般包括以下三种：到期还本付息、分期付息到期还本以及分期还本付息。

（二）长期借款账务处理

（1）借入各项长期借款时，按照实际借入的金额，借记"银行存款"科目，贷记本科目。

（2）为购建固定资产支付的专门借款利息，分别以下情况处理：

①属于工程项目建设期间支付的，计入工程成本，按照支付的利息，借记"在建工程"科目，贷记"非流动资产基金——在建工程"科目；同时，借记"其他支出"科目，贷记"银行存款"科目。

②属于工程项目完工交付使用后支付的，计入当期支出但不计入工程成本，按照支付的利息，借记"其他支出"科目，贷记"银行存款"科目。

（3）其他长期借款利息，按照支付的利息金额，借记"其他支出"科目，贷记"银行存款"科目。

（4）归还长期借款时，借记本科目，贷记"银行存款"科目。

本科目期末贷方余额，反映事业单位尚未偿还的长期借款本金。

【例4-25】某事业单位于20×3年1月1日从银行借入资金300 000元，借款期限为5年，年利率为8%，按年支付利息，到期一次还本。

20×3年1月1日，取得借款

借：银行存款　　　　　　　　　　　　　　　　　　　　　　300 000
　　贷：长期借款　　　　　　　　　　　　　　　　　　　　　　300 000

20×3年12月31日，支付利息

借：其他支出　　　　　　　　　　　　　　　　　　　　　　24 000
　　贷：银行存款　　　　　　　　　　　　　　　　　　　　　　24 000

20×7年12月31日，长期借款到期，归还本金及本期利息

借：长期借款	300 000
其他支出	24 000
贷：银行存款	324 000

二、长期应付款

(一) 长期应付款概念

长期应付款是指事业单位发生的偿还期限超过1年（不含1年）的应付款项，主要指事业单位融资租入固定资产发生的应付租赁款。应付租赁款是否能确认为长期应付款与租赁的种类相关。若为经营租赁款，则不确认为长期应付款；若为融资租赁，则应确认为长期应付款。区分租赁种类十分关键。

经营租赁是为了满足经营使用上的临时或季节性需要而发生的资产租赁，是一种短期租赁形式，与融资租赁相对。融资租赁是指实质上转移与资产所有权相关的全部或者绝大部分风险与报酬的租赁，资产的所有权最终可以转移，也可以不转移。

(二) 长期应付款账务处理

(1) 发生长期应付款时，借记"固定资产"、"在建工程"等科目，贷记本科目、"非流动资产基金"等科目。

(2) 支付长期应付款时，借记"事业支出"、"经营支出"等科目，贷记"银行存款"等科目；同时，借记本科目，贷记"非流动资产基金"科目。

(3) 无法偿付或债权人豁免偿还的长期应付款，借记本科目，贷记"其他收入"科目。

本科目期末贷方余额，反映事业单位尚未支付的长期应付款。

【例4-26】20×3年1月1日，某事业单位从租赁公司融资租入生产用设备，租赁协议中规定应付租赁费400 000元，租赁期限10年，每一年付款一次；租赁期满后，设备归承租单位，需交付3 000元购买此设备。

20×3年1月1日，融资租入设备

借：固定资产——融资租入固定资产	400 000
贷：长期应付款	400 000

20×3年12月31日，支付租金

借：事业支出	40 000
贷：银行存款	40 000
借：长期应付款	40 000
贷：非流动资产基金——固定资产	40 000

以后每年12月31日都做以上会计分录

租赁期满后

借：固定资产——融资租入固定资产	3 000

　　　　贷：银行存款　　　　　　　　　　　　　　　　　　　　3 000
　　借：固定资产——自有固定资产　　　　　　　　　　　　403 000
　　　　贷：固定资产——融资租入固定资产　　　　　　　　403 000

第四节　新旧会计制度负债核算的变化

一、负债核算的差别

新旧事业单位会计制度负债核算的具体科目设置对比如表4-1所示。

表4-1　新旧事业单位会计制度负债科目设置差别

序号	新事业单位会计制度会计科目		旧事业单位会计制度会计科目	
	编号	名称	编号	名称
负债类				
1	2001	短期借款	201	借入款项
2	2401	长期借款		
3	2101	应缴税费	210	应交税金
4	2102	应缴国库款	208	应缴预算款
5	2103	应缴财政专户款	209	应缴财政专户款
6	2201	应付职工薪酬	211	应付工资（离退休费）
			212	应付地方（部门）津贴补贴
			213	应付其他个人收入
7	2301	应付票据	202	应付票据
8	2302	应付账款	203	应付账款
9	2303	预收账款	204	预收账款
10	2305	其他应付款	207	其他应付款
11	2402	长期应付款		

二、新旧会计制度的衔接

（一）"借入款项"科目

新制度将事业单位的借入款项划分为短期借款和长期借款，相应设置了"短期借款"、"长期借款"两个科目，两个科目的核算内容与原账中"借入款项"科目的核算内容基本相同。转账时，应对原账中"借入款项"科目的余额进行分析：将期限在 1 年内（含 1 年）的各种借款余额转入新账中"短期借款"科目，将剩余余额转入新账中"长期借款"科目。

（二）"应交税金"、"应缴预算款"、"应缴财政专户款"科目

新制度设置了"应缴税费"、"应缴国库款"、"应缴财政专户款"科目，其核算内容与原账中"应交税金"、"应缴预算款"、"应缴财政专户款"科目的核算内容基本相同。转账时，应将原账中"应交税金"、"应缴预算款"、"应缴财政专户款"科目的余额分别直接转入新账中的"应缴税费"、"应缴国库款"、"应缴财政专户款"科目。

（三）"应付工资（离退休费）"、"应付地方（部门）津贴补贴"、"应付其他个人收入"科目

新制度未设置"应付工资（离退休费）"、"应付地方（部门）津贴补贴"、"应付其他个人收入"科目，但设置了"应付职工薪酬"科目，其核算内容涵盖了原账中上述三个科目的核算内容，并包括应付的社会保险费和住房公积金等。事业单位应在新账中该科目下按照国家有关规定设置明细科目。转账时，应将原账中"应付工资（离退休费）"、"应付地方（部门）津贴补贴"、"应付其他个人收入"科目的余额分别转入新账中"应付职工薪酬"科目的相关明细科目，并对原账中"其他应付款"科目的余额进行分析，将其中属于事业单位应付的社会保险费和住房公积金等的余额，转入新账中"应付职工薪酬"科目的相关明细科目。

（四）"应付票据"、"应付账款"、"预收账款"科目

新制度设置了"应付票据"、"预收账款"科目，其核算内容与原账中上述相应科目的核算内容基本相同。转账时，应将原账中上述科目的余额直接转入新账中相应科目。

新制度设置了"应付账款"科目，其核算内容与原账中上述相应科目的核算内容基本相同，但不包括偿还期在 1 年以上（不含 1 年）的应付账款，如跨年度分期付款购入固定资产的价款等。转账时，应当对"应付账款"科目进行分析，将偿还期在 1 年以上（不含 1 年）的应付账款的余额转入新账中的"长期应付款"科目；将剩余余额，转入新账中"应付账款"科目。

（五）"其他应付款"科目

新制度设置了"其他应付款"科目。该科目的核算范围比原账中"其他应付款"科目的核算范围小，不包括事业单位应付的社会保险费和住房公积金，以及偿还期限在 1 年以上（不含 1 年）的应付款项，如以融资租赁租入的固定资产租赁费等，相应内容转由新制度下"应付职工薪酬"、"长期应付款"科目核算。转账时，应将原账中"其他应付款"科目的余额进行分析：将其中属于应付的社会保险费和住房公积金的余额，转入新账中"应付职工薪酬"科目；将其中属于偿还期限在 1 年以上（不含 1 年）的应付款项的余额，转入新账中"长期应付款"科目；将剩余余额，转入新账中"其他应付款"科目。

第五章 净资产

第一节 净资产概述

一、净资产的概念

净资产是指事业单位资产扣除负债后的余额。净资产是属于事业单位所有，并可以自由支配的资产。它由两大部分组成：一部分是企业开办当初投入的资本，包括溢价部分；另一部分是企业在经营之中创造的，也包括接受捐赠的资产。净资产的主要影响因素有：所有者原始投资、追加投资、企业集团后来发生的利润和损失，以及从留存的利润或投资中提走的数额等。

事业单位净资产 = 事业单位资产 – 事业单位负债

二、净资产的确认计量

净资产按是否限定用途可以分为限定用途净资产和非限定用途净资产，前者包括非流动资产基金、专用基金，后者包括事业基金等。净资产按形成来源分为外部注入净资产和内部形成净资产，前者是指国家拨款部门和捐赠者提供形成的净资产，后者指事业单位按规定从收入和结余中提留形成的净资产，例如专用基金。

净资产的金额取决于资产和负债的计量。事业单位应当设置"事业基金"、"非流动资产基金"、"专用基金"、"事业结余"、"经营结余"等科目，分别核算各项净资产，根据收付实现制和权责发生制原则分别确认，以实际发生数额计量，运用借贷记账法记账。

事业单位应根据本单位实际情况，设置"3001 事业基金"、"3101 非流动资产基金"、"3201 专用基金"、"3301 财政补助结转"、"3302 财政补助结余"、"3401 非财政补助结转"、"3402 事业结余"、"3403 经营结余"、"3404 非财政补助结余分配"等会计科目。

三、净资产的管理规定

（一）结转和结余管理

结转和结余是指事业单位年度收入与支出相抵后的余额。

（1）结转资金是指当年预算已执行但未完成，或者因故未执行，下一年度需要按照原用途继续使用的资金。结余资金是指当年预算工作目标已完成，或者因故终止，当年剩余的资金。

（2）经营收支结转和结余应当单独反映。

（3）财政拨款结转和结余的管理，应当按照同级财政部门的规定执行。

（4）非财政拨款结转按照规定结转下一年度继续使用。非财政拨款结余可以按照国家有关规定提取职工福利基金，剩余部分作为事业基金用于弥补以后年度单位收支差额；国家另有规定的，从其规定。

（5）事业单位应当加强事业基金的管理，遵循收支平衡的原则，统筹安排、合理使用，支出不得超出基金规模。

（二）专用基金管理

专用基金是指事业单位按照规定提取或者设置的有专门用途的资金。

（1）专用基金管理应当遵循先提后用、收支平衡、专款专用的原则，支出不得超出基金规模。

（2）各项基金的提取比例和管理办法，国家有统一规定的，按照统一规定执行；没有统一规定的，由主管部门会同同级财政部门确定。

第二节 事业基金

一、事业基金的概念

（一）事业基金概念

事业基金是指事业单位拥有的非限定用途的净资产，其来源主要为非财政补助结余扣除结余分配后滚存的金额。

（二）事业基金作用

事业基金在事业单位资金运动过程中，起着"蓄水池"的作用，用于调节年度之间的收支平衡。即事业单位以后年度如果收入大于支出，其差额继续转入事业基金；如果支出大于收入，则其差额用以前年度的事业基金来弥补。

二、事业基金的账务处理

事业基金的主要账务处理如下：

（一）非财政补助结余的转入

年末，将"非财政补助结余分配"科目余额转入事业基金，借记或贷记"非财政补助结余分配"科目,贷记或借记本科目。即,当"非财政补助结余分配"科目贷方有余额,借记"非财政补助结余分配"科目,贷记"事业基金"科目;如果"非财政补助结余分配"科目有借方余额,借记"事业基金"科目,贷记"非财政补助结余分配"科目。

【例5-1】20×3年12月31日,某事业单位的"非财政补助结余分配"科目借方余额50 000元,按规定转入事业基金。

借:事业基金 50 000
　　贷:非财政补助结余分配 50 000

【例5-2】20×3年12月31日,某事业单位的"非财政补助结余分配"科目贷方余额50 000元,按规定转入事业基金。

借:非财政补助结余分配 50 000
　　贷:事业基金 50 000

(二) 非财政补助结转的转入

年末,将留归本单位使用的非财政补助专项(项目已完成)剩余资金转入事业基金,借记"非财政补助结转——××项目"科目,贷记本科目。

【例5-3】20×3年12月31日,某事业单位对非财政资金项目执行情况进行分析,某项科研项目已经完成并结项,上级单位拨入的项目经费剩余4 000元,根据项目资金管理规定,剩余经费的80%应当缴回原拨款单位,其余留存本单位使用。

借:非财政补助结转——××项目 4 000
　　贷:银行存款 3 200
　　　　事业基金 800

(三) 进行长期投资

以货币资金取得长期股权投资、长期债券投资,按照实际支付的全部价款(包括购买价款以及税金、手续费等相关税费)作为投资成本,借记"长期投资"科目,贷记"银行存款"等科目;同时,按照投资成本金额,借记本科目,贷记"非流动资产基金——长期投资"科目。

【例5-4】20×3年3月1日,某事业单位用货币资金进行长期债券投资,支付对价银行存款100 000元。

借:长期投资——长期债券投资 100 000
　　贷:银行存款 100 000

同时:

借:事业基金 100 000
　　贷:非流动资产基金——长期投资 100 000

(四) 收回长期投资

对外转让或到期收回长期债券投资本息,按照实际收到的金额,借记"银行存款"

等科目，按照收回长期投资的成本，贷记"长期投资"科目，按照其差额，贷记或借记"其他收入——投资收益"科目；同时，按照收回长期投资对应的非流动资产基金，借记"非流动资产基金——长期投资"科目，贷记本科目。

【例 5-5】20×3 年 9 月 1 日，某事业单位处置该单位持有的长期债券投资，处置取得收入 120 000 元，该长期债券取得成本为 100 000 元。

借：银行存款 120 000
　　贷：长期投资——长期投资 100 000
　　　　其他收入——长期投资 20 000

同时：

借：非流动资产基金——长期投资 100 000
　　贷：事业基金 100 000

（五）调整事项

事业单位发生需要调整以前年度非财政补助结余的事项，通过本科目核算。国家另有规定的，从其规定。

【例 5-6】20×3 年 1 月，某事业单位在对上一年度报表审计时发现，经营业务的一项预收账款 5 000 元，已经提供了相应的服务，但是会计人员未将其转为经营收入。

借：预收账款 5 000
　　贷：事业基金 5 000

本科目期末贷方余额，反映事业单位历年积存的非限定用途净资产的金额。

第三节　非流动资产基金

一、非流动资产基金的概念

非流动资产基金是指事业单位非流动资产占用的金额。

非流动资产基金一般是由财政或上级主管部门投入的，也有可能是由其他有关部门投入或者单位自筹资金形成的。《事业单位会计准则》规定，任何事业单位都应拥有一定数量的非流动资产作为其开展业务活动的物质基础。

事业单位长期投资、固定资产、在建工程、无形资产等均属于非流动资产的范畴。

二、非流动资产基金的账务处理

非流动资产基金科目应当设置"长期投资"、"固定资产"、"在建工程"、"无形资产"等明细科目，进行明细核算。

非流动资产基金的主要账务处理如下：

（一）取得非流动资产

非流动资产基金应当在取得长期投资、固定资产、在建工程、无形资产等非流动资产或发生相关支出时予以确认。

取得相关资产或发生相关支出时，借记"长期投资"、"固定资产"、"在建工程"、"无形资产"等科目，贷记本科目等有关科目；同时或待以后发生相关支出时，借记"事业支出"等有关科目，贷记"财政补助收入"、"零余额账户用款额度"、"银行存款"等科目。

【例5-7】20×3年1月，某事业单位以政府集中采购方式购入一批专业检测设备，收到国库支付执行机构委托代理银行转来的"财政直接支付入账通知书"及原始凭证，购买款项已经由财政直接支付。采购清单表明，设备价值共计36 000元，独立操作软件24 000元。

借：固定资产——设备	36 000
无形资产——软件	24 000
贷：非流动资产基金——固定资产	36 000
——无形资产	24 000

同时：

借：事业支出——财政补助支出（项目支出）	60 000
贷：财政补助收入——项目支出	60 000

（二）计提折旧与摊销

计提固定资产折旧、无形资产摊销时，应当冲减非流动资产基金。

计提固定资产折旧、无形资产摊销时，按照计提的折旧、摊销金额，借记本科目（固定资产、无形资产），贷记"累计折旧"、"累计摊销"科目。

【例5-8】20×3年6月，某事业单位本月应计提固定资产折旧20 000元，计提无形资产摊销15 000元。

借：非流动资产基金——固定资产	20 000
——无形资产	15 000
贷：累计折旧	20 000
累计摊销	15 000

（三）处置非流动资产

处置长期投资、固定资产、无形资产，以及以固定资产、无形资产对外投资时，应当冲销该资产对应的非流动资产基金。

（1）以固定资产、无形资产对外投资，按照评估价值加上相关税费作为投资成本，借记"长期投资"科目,贷记本科目(长期投资),按发生的相关税费,借记"其他支出"科目,贷记"银行存款"等科目;同时,按照投出固定资产、无形资产对应的非流动资产基金,借记本科目(固定资产、无形资产),按照投出资产已提折旧、摊销,借记"累计折旧"、"累计摊销"科目,按照投出资产的账面余额,贷记"固定资产"、"无形资产"科目。

(2)出售或以其他方式处置长期投资、固定资产、无形资产,转入待处置资产时,借记"待处置资产损溢"、"累计折旧"(处置固定资产)或"累计摊销"(处置无形资产)科目,贷记"长期投资"、"固定资产"、"无形资产"等科目。

实际处置时,借记本科目(有关资产明细科目),贷记"待处置资产损溢"科目。

【例5-9】20×3年8月,某事业单位报同级财政部门审批同意,将一台到规定使用年限的计算机软件报废,该计算机软件的账面余额为5 000元,已经计提摊销4 800元。

借:待处置资产损溢——处置资产价值　　　　　　　　　　　　200
　　累计摊销　　　　　　　　　　　　　　　　　　　　　　4 800
　　贷:无形资产——计算机软件　　　　　　　　　　　　　　5 000
同时:
借:非流动资产基金——无形资产　　　　　　　　　　　　　　200
　　贷:待处置资产损溢——处置资产价值　　　　　　　　　　200

本科目期末贷方余额,反映事业单位非流动资产占用的金额。

第四节　专用基金

一、专用基金的概念

(一)专用基金定义

专用基金是指事业单位按规定提取或者设置的具有专门用途的净资产,主要包括修购基金、职工福利基金等。

专用基金按规定一般不直接参加业务经营活动,其运动过程具有相对独立的特点:一是专用基金的取得,均有专门的规定,如修购基金和医疗基金是根据一定的比例或数额提取,在相关支出中列支后转入,职工福利基金是根据结余的一定比例提取转入;二是各项专用基金,规定有专门的用途和使用范围,除财务制度规定可以允许合并使用以外,专用基金一般不得互相占用、挪用;三是专用基金的使用,均属一次消耗,没有循环周转,不能通过专用基金支出直接取得补偿。

（二）专用基金的提取原则

根据《事业单位财务规则》，修购基金是指按照事业收入和经营收入的一定比例提取，在修缮费和设备购置费中列支（各列50%），以及按照其他规定转入，用于事业单位固定资产维修和购置的资金。职工福利基金是指按照结余的一定比例提取以及按照其他规定提取转入，用于单位职工的集体福利设施、集体福利待遇等资金。医疗基金是指未纳入公费医疗经费开支范围的事业单位，按当地财政部门规定的公费医疗经费开支标准从收入中提取，并参照公费医疗制度的有关规定用于职工公费医疗开支的资金。其他基金是指按照其他有关规定提取或者设置的专用资金。

二、专用基金的账务处理

专用基金的主要账务处理如下：

（一）提取修购基金

按规定提取修购基金的，按照提取金额，借记"事业支出"、"经营支出"科目，贷记本科目（修购基金）。

【例5-10】20×3年8月，某事业单位没有建立固定资产折旧制度，按照事业收入和经营收入的5%提取修购基金。本期事业收入为100 000元，经营收入20 000元。

借：事业支出　　　　　　　　　　　　　5 000（100 000×5%）
　　经营支出　　　　　　　　　　　　　1 000（20 000×5%）
　　贷：专用基金——修购基金　　　　　　　　　　　　6 000

（二）提取职工福利基金

年末，按规定从本年度非财政补助结余中提取职工福利基金的，按照提取金额，借记"非财政补助结余分配"科目，贷记本科目（职工福利基金）。

【例5-11】20×3年9月，某事业单位年结余分配前，非财政补助结余分配科目贷方余额为100 000元，按照30%的比例从非财政补助结余中提取职工福利基金。

借：非财政补助结余分配　　　　　　　　　　　30 000
　　贷：专用基金——职工福利基金　　　　　　　　　　30 000

（三）提取、设置其他专用基金

若有按规定提取的其他专用基金，按照提取金额，借记有关支出科目或"非财政补助结余分配"等科目，贷记本科目。

若有按规定设置的其他专用基金，按照实际收到的基金金额，借记"银行存款"等科目，贷记本科目。

（四）使用专用基金

按规定使用专用基金时，借记本科目，贷记"银行存款"等科目；使用专用基金形成固定资产的，还应借记"固定资产"科目，贷记"非流动资产基金——固定资产"科目。

【例 5 - 12】 20×3 年 8 月，某事业单位用修购基金购入一台生产设备，价款 11 500 元，运费、安装费 500 元。该单位通过银行转账支付上述款项。

借：固定资产——生产设备　　　　　　　　　　　　　　12 000
　　贷：非流动资产基金——固定资产　　　　　　　　　　　　12 000
同时：
借：专用基金——修购基金　　　　　　　　　　　　　　12 000
　　贷：银行存款　　　　　　　　　　　　　　　　　　　　12 000

本科目期末贷方余额，反映事业单位专用基金余额。

第五节　财政补助结转与结余

一、财政补助结转

（一）财政补助

财政补助是指事业单位直接从财政部门取得的和通过主管部门从财政部门取得的各类事业经费，包括正常经费和专项资金。在我国传统的预算体制和行政事业单位预算会计制度下，该资金也称为经费，收到的该笔资金称为拨入经费；属于预算资金的一部分。

过去我国的财政补助收入的划拨方式分为两种方式，即划拨资金和限额拨款。划拨资金方式也称实拨资金方式，其特点是上级单位按预算用款单位拨给资金，用款单位收到划拨资金后即可使用。限额拨款方式的特点是用款单位可在拨给的经费限额内支用款项，但预算资金仍保留在财政金库中，月末根据限额支出数才从财政金库中拨出。由于限额拨款方式下，各单位的用款平时由银行垫付，月末根据限额支出数统一结算，如果财政存款不足，有可能占用信贷资金，目前我国已取消这种拨款方式。财政补助收入的领拨一律采用划拨资金的方式。

（二）财政补助结转账务处理

本科目应当设置"基本支出结转"、"项目支出结转"两个明细科目，并在"基本支出结转"明细科目下按照"人员经费"、"日常公用经费"进行明细核算，在"项目支出结转"明细科目下按照具体项目进行明细核算；本科目还应按照《政府收支分类科目》中"支出功能分类科目"的相关科目进行明细核算。

财政补助结转的主要账务处理如下：

（1）期末，将财政补助收入本期发生额结转入本科目，借记"财政补助收入——基本支出、项目支出"科目，贷记本科目（基本支出结转、项目支出结转）；将事业支出

(财政补助支出）本期发生额结转入本科目，借记本科目（基本支出结转、项目支出结转），贷记"事业支出——财政补助支出（基本支出、项目支出）"或"事业支出——基本支出（财政补助支出）、项目支出（财政补助支出）"科目。

【例5-13】20×3年3月31日，某事业单位"财政补助收入——基本支出"科目贷方发生额为500 000元，"事业支出——基本支出（财政补助支出）"科目借方发生额为650 000元，进行本月月末基本支出结转的处理。

借：财政补助收入——基本支出　　　　　　　　　　　　　　　　500 000
　　财政补助结转——项目支出结转　　　　　　　　　　　　　　150 000
　　贷：事业支出——基本支出（财政补助支出）　　　　　　　　650 000

（2）年末，完成上述（1）结转后，应当对财政补助各明细项目执行情况进行分析，按照有关规定将符合财政补助结余性质的项目余额转入财政补助结余，借记或贷记本科目（项目支出结转——××项目），贷记或借记"财政补助结余"科目。

（3）按规定上缴财政补助结转资金或注销财政补助结转额度的，按照实际上缴资金数额或注销的资金额度数额，借记本科目，贷记"财政应返还额度"、"零余额账户用款额度"、"银行存款"等科目。取得主管部门归集调入财政补助结转资金或额度的，做相反会计分录。

事业单位发生需要调整以前年度财政补助结转的事项，通过本科目核算。

本科目期末贷方余额，反映事业单位财政补助结转资金数额。

二、财政补助结余

（一）财政补助结余概念

财政补助结余核算事业单位滚存的财政补助项目支出结余资金。

（二）财政补助结余账务处理

本科目应当按照《政府收支分类科目》中"支出功能分类科目"的相关科目进行明细核算。

财政补助结余的主要账务处理如下：

（1）年末，对财政补助各明细项目执行情况进行分析，按照有关规定将符合财政补助结余性质的项目余额转入财政补助结余，借记或贷记"财政补助结转——项目支出结转（××项目）"科目，贷记或借记本科目。

【例5-14】20×3年12月31日，某事业单位对财政补助各明细项目执行情况进行分析，本年度财政补助的项目中，A项目已经完成，项目当年剩余资金为10 000元，B项目因故终止，当年剩余资金为20 000元，即符合财政补助结余资金性质的数额为30 000元，其余项目均未完成，资金需要结转下一个年度继续按原项目安排使用。进行年末财政补助结余的处理。

借：财政补助结转——项目支出结转（A项目）　　　　　　　　10 000

	——项目支出结转（B 项目）	20 000	
	贷：财政补助结转		30 000

（2）按规定上缴财政补助结余资金或注销财政补助结余额度的，按照实际上缴资金数额或注销的资金额度数额，借记本科目，贷记"财政应返还额度"、"零余额账户用款额度"、"银行存款"等科目。取得主管部门归集调入财政补助结余资金或额度的，做相反会计分录。

【例 5-15】20×3 年 12 月 31 日，某事业单位财政补助结余资金的进行处置，根据项目管理的要求，已经完成的 A 项目当年剩余资金 10 000 元予以注销，抵财政应返还额度中的未下达的授权支付额度，B 项目剩余资金 20 000 元需上缴财政部门，已经通过零余额账户予以上缴。

	借：财政补助结余	30 000	
	贷：财政应返还额度——授权支付额度		10 000
	零余额账户用款额度		20 000

事业单位发生需要调整以前年度财政补助结余的事项，通过本科目核算。

本科目期末贷方余额，反映事业单位财政补助结余资金数额。

第六节　非财政补助结转结余

一、非财政补助结转概念

非财政补助结转结余是指事业单位除财政补助收支以外的各项收入与各项支出相抵后的余额。

非财政补助结转是指事业单位除财政补助收支以外的各专项资金收入与其相关支出相抵后剩余滚存的、须按规定用途使用的结转资金；非财政补助结余是指事业单位除财政补助收支以外的各非专项资金收入与各非专项资金支出相抵后的余额。

二、非财政补助结转账务处理

本科目应当按照非财政专项资金的具体项目进行明细核算。

非财政补助结转的主要账务处理如下：

（1）期末，将事业收入、上级补助收入、附属单位上缴收入、其他收入本期发生额中的专项资金收入结转入本科目，借记"事业收入"、"上级补助收入"、"附属单位上缴收入"、"其他收入"科目下各专项资金收入明细科目，贷记本科目；将事业支出、其他支出本期发生额中的非财政专项资金支出结转入本科目，借记本科目，贷记"事业支出——非财政专项资金支出"或"事业支出——项目支出（非财政专项资金支出）"、"其他支出"科目下各专项资金支出明细科目。

【例5-16】20×3年12月31日，某事业单位本月各项收入本期发生额中的专项资金收入发生额如下："上级补助收入——专项资金收入"20 000元，"其他收入——专项资金收入"7 000元，各项支出的专项资金支出本期发生额如下："事业支出——非财政专项资金支出"12 000元，"其他支出——非财政专项资金支出"5 000元。本月其余各项收支类科目无专项资金本期发生额。进行月末非财政补助结转的处理。

  借：上级补助收入——专项资金收入   20 000
    其他收入——专项资金收入   7 000
   贷：事业支出——非财政专项资金支出   12 000
    其他支出——非财政专项资金支出   5 000
    非财政补助结转   10 000

（2）年末，完成上述（1）结转后，应当对非财政补助专项结转资金各项目情况进行分析，将已完成项目的项目剩余资金区分以下情况处理：缴回原专项资金拨入单位的，借记本科目（××项目），贷记"银行存款"等科目；留归本单位使用的，借记本科目（××项目），贷记"事业基金"科目。

【例5-17】20×3年12月31日，某事业单位经过财政补助结转处理后，"非财政补助结转"科目贷方余额为27 000元，事业单位对非财政专项资金项目执行情况进行了分析，确认上级主管单位安排的C项目已经完成，项目当年剩余资金6 000元。根据项目资金管理规定，C项目剩余资金按60%比例缴回拨款单位，其余留归本单位使用。

  借：非财政补助结转——C项目   6 000
   贷：银行存款   3 600
    事业基金   2 400

事业单位发生需要调整以前年度非财政补助结转的事项，通过本科目核算。

本科目期末贷方余额，反映事业单位非财政补助专项结转资金数额。

第七节　事业结余与经营结余

一、事业结余

（一）事业结余概念

事业结余科目核算事业单位一定期间除财政补助收支、非财政专项资金收支和经营收支以外各项收支相抵后的余额。

（二）事业结余账务处理

事业结余的主要账务处理如下：

（1）期末，将事业收入、上级补助收入、附属单位上缴收入、其他收入本期发生额中的非专项资金收入结转入本科目，借记"事业收入"、"上级补助收入"、"附属单位上缴收入"、"其他收入"科目下各非专项资金收入明细科目，贷记本科目；将事业支出、其他支出本期发生额中的非财政、非专项资金支出，以及对附属单位补助支出、上缴上级支出的本期发生额结转入本科目，借记本科目，贷记"事业支出——其他资金支出"或"事业支出——基本支出（其他资金支出）、项目支出（其他资金支出）"科目、"其他支出"科目下各非专项资金支出明细科目、"对附属单位补助支出"、"上缴上级支出"科目。

（2）年末，完成上述（1）结转后，将本科目余额结转入"非财政补助结余分配"科目，借记或贷记本科目，贷记或借记"非财政补助结余分配"科目。

本科目期末如为贷方余额，反映事业单位自年初至报告期末累计实现的事业结余；如为借方余额，反映事业单位自年初至报告期末累计发生的事业亏损。年末结账后，本科目应无余额。

【例5-18】 20×3年12月31日，某事业单位各项收入本期发生额中的非专项资金收入如下："事业收入——非专项资金收入"520 000元，"上级补助收入——非专项资金收入"130 000元，"附属单位上缴收入——非专项资金收入"30 000元，"其他收入——非专项资金收入"7 200元。各项支出本期发生额中的非专项资金支出如下："事业支出——其他资金支出"400 000元，"对附属单位补助支出"120 000元，"上缴上级支出"90 000元，"其他支出——其他资金支出"3 500元。进行本月事业结余的处理。

借：事业收入——非专项资金收入　　　　　　　　520 000
　　上级补助收入——非专项资金收入　　　　　　130 000
　　附属单位上缴收入——非专项资金收入　　　　 30 000
　　其他收入——非专项资金收入　　　　　　　　 7 200
　贷：事业支出——其他资金支出　　　　　　　　 400 000
　　　对附属单位补助支出　　　　　　　　　　　 120 000
　　　上缴上级支出　　　　　　　　　　　　　　 90 000
　　　其他支出——其他资金支出　　　　　　　　 3 500
　　　事业结余　　　　　　　　　　　　　　　　 73 700

【例5-19】 20×3年12月31日，某事业单位年末转账后，"事业结余"科目贷方余额为168 000元，将其转入"非财政补助结余分配"科目。

借：事业结余　　　　　　　　　　　　　　　　　　　　　　　　168 000
　　贷：非财政补助结余分配　　　　　　　　　　　　　　　　　168 000

二、经营结余

（一）经营结余概念

经营结余科目核算事业单位一定期间各项经营收支相抵后余额弥补以前年度经营亏损后的余额。

根据《事业单位会计准则》规定，有非独立核算经营收入的事业单位，实行经营收支配比原则。事业单位的经营支出与经营收入，应当根据它们的内在关系进行配比，以便正确计算各个会计期间的经营结余。

经营结余反映了事业单位开展经营活动的结果。其中，经营活动收入包括经营收入，经营活动支出包括经营支出和销售税金。用公式表示为：

经营结余＝经营收入－（经营支出＋经营业务负担的销售税金）

（二）经营结余账务处理

（1）期末，将经营收入本期发生额结转入本科目，借记"经营收入"科目，贷记本科目；将经营支出本期发生额结转入本科目，借记本科目，贷记"经营支出"科目。

（2）年末，完成上述（1）结转后，如本科目为贷方余额，将本科目余额结转入"非财政补助结余分配"科目，借记本科目，贷记"非财政补助结余分配"科目；如本科目为借方余额，为经营亏损，不予结转。

本科目期末如为贷方余额，反映事业单位自年初至报告期末累计实现的经营结余弥补以前年度经营亏损后的经营结余；如为借方余额，反映事业单位截至报告期末累计发生的经营亏损。

【例5-20】20×3年12月31日，某事业单位在年终结账前"事业结余"科目贷方余额为1 000 000元，"经营结余"科目的贷方余额为900 000元，根据有关规定，应缴纳600 000元的所得税，提取400 000元的专用基金，其余转入事业基金。

借：事业结余　　　　　　　　　　　　　　　　　　　　　　　1 000 000
　　经营结余　　　　　　　　　　　　　　　　　　　　　　　　 900 000
　　贷：非财政补助结余分配　　　　　　　　　　　　　　　　 1 900 000
借：非财政补助结余分配　　　　　　　　　　　　　　　　　　 1 000 000
　　贷：应缴税费——应缴所得税　　　　　　　　　　　　　　　 600 000
　　　　专用基金　　　　　　　　　　　　　　　　　　　　　　 400 000

年末结账后，本科目一般无余额；如为借方结余，反映事业单位累计发生的经营亏损。

第八节 新旧会计制度净资产核算的变化

一、净资产核算的差别

新旧事业单位会计制度的具体净资产科目对比如表 5-1 所示。

表 5-1 新旧事业单位会计制度净资产科目设置差别

序号	新事业单位会计制度会计科目		旧事业单位会计制度会计科目	
	编号	名称	编号	名称
净资产类				
1	3001	事业基金	301	事业基金——一般基金
2	3101	非流动资产基金		
	310101	长期投资	301	事业基金——投资基金
	310102	固定资产	302	固定基金
	310103	在建工程		
	310104	无形资产		
3	3201	专用基金	303	专用基金
4	3301	财政补助结转		
	330101	基本支出结转		
	330102	项目支出结转		
5	3302	财政补助结余		
6	3401	非财政补助结转	404	拨入专款
			502	拨出专款
			503	专款支出
7	3402	事业结余	306	事业结余
8	3403	经营结余	307	经营结余
9	3404	非财政补助结余分配	308	结余分配

二、新旧会计制度的衔接

(一)"事业基金"科目

新制度设置了"事业基金"科目,但不再在该科目下设置"一般基金"、"投资基金"明细科目,其核算范围也较原账中"事业基金"科目发生变化,不再包括财政补助结转和财政补助结余。转账时,应将原账中"事业基金"科目所属"投资基金"明细科目的余额分析转入新账中"非流动资产基金——长期投资"科目,并对所属"一般基金"明细科目的余额(扣除转入新账中"非流动资产基金——无形资产"科目数额后的余额)进行分析:对属于新制度下财政补助结转的余额转入新账中"财政补助结转"科目;对属于新制度下财政补助结余的余额转入新账中"财政补助结余"科目;将剩余余额,转入新账中"事业基金"科目。

(二)"固定基金"科目

新制度未设置"固定基金"科目,但设置了"非流动资产基金"科目,核算事业单位长期投资、固定资产、在建工程、无形资产等非流动资产占用的金额。转账时,应将原账中"固定基金"科目的余额(扣除转为存货的固定资产对应的固定基金数额后的余额)转入新账中"非流动资产基金——固定资产"科目。

(三)"专用基金"科目

新制度设置了"专用基金"科目,转账时,应将原账中"专用基金"科目的余额分析转入新账中"专用基金"科目的相关明细科目。

(四)"经营结余"科目

新制度设置了"经营结余"科目,其核算范围与原账中"经营结余"科目的核算范围基本相同。转账时,如果原账中"经营结余"科目有借方余额,应直接转入新账中"经营结余"科目。

(五)"事业结余"、"结余分配"科目

新制度设置了"事业结余"科目,其核算范围较原账中"事业结余"科目发生变化,不再包括财政补助结转和财政补助结余;新制度未设置"结余分配"科目,但设置了"非财政补助结余分配"科目,核算事业单位本年度非财政补助结余分配的情况和结果。因原账中"事业结余"、"结余分配"科目一般无余额,不需进行转账处理。"事业结余"、"非财政补助结余分配"科目自2013年1月1日起直接启用新账即可。

第六章 收入

第一节 收入概述

一、收入的概念及内容

(一) 收入的概念

收入是指事业单位开展业务及其他活动依法取得的非偿还性资金。事业单位是公益性社会组织,在向社会提供服务时有一定的收入作为保障,收入的来源可以是财政补助资金,也可以是事业单位的业务收费,还可以是社会捐赠等其他渠道的资金。一般来说,事业单位依法取得的各项资金不需要在未来偿还,即可确认为收入。

事业单位会计中的收入定义为"非偿还性资金",强调在取得时予以确认。收入是事业单位取得的、会导致本期净资产增加的经济利益或者服务潜力的总流入。根据《事业单位会计制度》的相关规定,收入以收付实现制为主要确认基础,特定情况下采用权责发生制基础确认。

(1) 在收付实现制基础下,收入应当在收到款项时予以确认,并按照实际收到的金额进行计量。此时,经济利益或服务潜力已经流入事业单位,并且导致事业单位资产增加或者负债减少。事业单位的补助收入、专业业务收入、其他业务收入一般要求按收付实现制基础确认。

(2) 在权责发生制基础下,收入应当在发生时予以确认,并按照实际发生的数额计量。此时,经济利益或服务潜力能够流入事业单位,并且能够导致事业单位资产增加或者负债减少。事业单位的经营业务收入要求按权责发生制基础确认,即提供服务或者发出存货、同时收讫价款或者取得索取价款的凭据时予以确认,并按照实际收到的金额或者有关凭据注明的金额计量。事业单位的经营收入以外的各项收入如果采用权责发生制基础确认,应当符合会计制度的规定。

(二) 收入的内容

事业单位的收入包括财政补助收入、事业收入、上级补助收入、附属单位上缴收入、经营收入和其他收入等。按事业单位收入的取得方式划分,收入分为补助收入、业务活动收入和其他活动收入。

（1）补助收入,是政府财政部门、上级主管部门、其他政府机构给予事业单位的补助,包括财政补助收入和上级补助收入,不包括社会其他机构对事业单位的捐赠。补助收入是一项非交换交易收入,事业单位取得此项收入时不需要向对方支付现金、提供商品或服务,一般以向社会提供公益性服务或其他成果为回报。

（2）业务活动收入,是事业单位通过向社会提供商品、服务等而按规定收取的商品价款或服务费用,包括事业收入和经营收入。业务活动收入是一项交换交易收入,是事业单位按成本补偿或等价交换的原则取得的收入。事业单位的专业业务活动具有公益属性,但为了补偿其耗费可以按国家规定的价格收取一定数额的费用。事业单位可以开展经营活动,提供的商品或服务可以按市场价格收费,以弥补事业经费的不足。

（3）其他活动收入,是指除补助收入、业务活动收入以外的收入,包括附属单位上缴收入和其他收入。事业单位除从事专业业务活动、经营业务活动外,还存在一些非日常性的活动,取得一定数额的收入。例如,事业单位收到附属单位上缴的款项、接受社会捐赠、资产出租收入等。

事业单位的收入按资金性质,分为财政性资金收入、非财政性资金收入;按限定性要求,分为基本支出补助和项目支出补助、专项资金收入和非专项资金收入。如表6-1所示:

表6-1 事业单位收入类会计科目分类标准

类型	会计科目	性质	限定性划分
补助收入	4001 财政补助收入	财政性资金	基本支出
	4201 上级补助收入		项目支出
业务活动收入	4101 事业收入	非财政性资金	专项资金
	4401 经营收入		非专项资金
其他活动收入	4301 附属单位上缴收入		
	4501 其他收入		

二、收入的管理要求

加强事业单位收入的管理,对于提高财政资金的使用效益,保护社会公众的基本权益,促进事业单位规范、健康、可持续发展有着重要的意义。根据《事业单位财务规则》的要求,对事业单位收入管理的内容主要包括:

（1）加强收入的预算管理。事业单位应当将各项收入全部纳入单位预算，统一核算，统一管理。国家对事业单位实行"核定收支、定额或者定向补助、超支不补、结转和结余按规定使用"的预算管理办法。事业单位参考以前年度预算执行情况，根据预算年度的收入增减因素和措施，以及以前年度结转和结余情况，测算编制收入预算。事业单位预算应当自求收支平衡，不得编制赤字预算。

（2）保证收入的合法性与合理性。事业单位的各项收入应当依法取得，符合国家有关法律、法规和规章制度的规定。各收费项目、收费范围和收费标准必须按照法定程序审批，取得收费许可后方可实施。事业单位是公益性社会组织，必须保证其收费的合理性，准确测算服务收费补偿标准，正确处理经济效益与社会效益的关系，将社会效益放在首位。

（3）及时上缴各项财政收入。事业单位履行或代行政府职能，依照国家法律、法规收取的财政预算资金或专户资金，不能确认为事业单位的收入。事业单位对按照规定上缴国库或者财政专户的资金，应当按照国库集中收缴的有关规定及时足额上缴，不得隐瞒、滞留、截留、挪用和坐支。

第二节　财政补助收入

一、财政补助收入的概念

（一）财政补助收入的含义

财政补助是指事业单位按照部门预算隶属关系从统计财政部门取得的补助款项。财政补助收入来源于国家财政预算资金，是国家按预算安排给予事业单位的补助。财政补助收入用来弥补其事业经费的不足，促使事业单位更好地开展公益性服务活动。

事业单位应当按照批准的年度部门预算和月度用款计划申请取得财政经费，并按照部门预算的管理要求使用经费。事业单位的财政经费，一般由财政部门拨到主管会计单位，并逐级下拨。实行国库集中收付制度的事业单位，财政经费由国库单一账户统一拨付。

（二）财政补助收入的分类

1. 按部门预算管理的要求划分，财政补助收入分为基本支出补助和项目支出补助

基本支出补助是事业单位用于维持正常运行和完成工作任务所需要的补助经费；项目支出补助是事业单位在基本经费以外完成特定任务所需要的补助经费。事业单位的基本支出补助又可以进一步划分为人员经费和日常公用经费，人员经费是指用于事

业单位人员方面开支的经费，日常公用经费是指用于事业单位日常公务活动开支的经费。

2. 按预算科目的要求，财政补助收入需要进行功能分类

事业单位的财政补助收入是财政部门的预算支出，需要按财政预算支出相关科目的要求进行分类。经过政府预算收支分类改革，我国已经建立了一套包括收入分类、支出功能分类和支出经济分类在内的完整、规范的政府收支分类体系。根据《政府收支分类科目》的规定，财政补助收入需要按财政预算支出的功能进行分类，设置类、款、项三级预算科目。事业单位所有的收入，包括财政补助收入以外的各项收入，均需要进行支出功能分类，按预算科目设置明细科目，为预算管理服务。

预算支出的功能类别主要包括一般公共服务、外交、国防、公共安全、教育、科学技术、文化体育与传媒、社会保障和就业、社会保险基金、医疗卫生、节能环保、城乡社区事务、农林水事务、交通运输、资源勘探电力信息等事务、商业服务业等事务、金融监管等事务、地震灾后恢复重建、国土资源气象等事务、住房保障支出、粮油物资管理事务、储备事务、国债还本付息支出、其他支出、转移性支出等。对于事业单位来来说，主要涉及教育、科学技术、文化体育、传媒、社会保障和就业、医疗卫生、节能环保、城乡社区事务等类别。

（三）财政补助收入的账户设置

为了反映事业单位取得的财政补助情况，事业单位应当设置"财政补助收入"科目。该科目核算事业单位从统计财政部门取得的各类财政拨款，包括基本支出补助和项目支出补助。财政补助收入是事业类收入，一般按收付实现制基础确认，按实际收到的数额计量。财政补助收入一般应当与发生财政直接支付或收到财政授权支付额度，或者实际收到时确认。

"财政补助收入"科目应按部门预算管理和《政府收支分类科目》的要求设置明细科目。明细科目设置的要求如下：

（1）"财政补助收入"科目应设置"基本支出"和"项目支出"两个一级明细科目。

（2）"财政补助收入——基本支出"科目应设置"人员经费"和"日常公用经费"两个二级明细科目，再根据《政府收支分类科目》中支出的功能分类的要求，按类、款、项分级设置三级和三级以下的明细科目。

（3）"财政补助收入——项目支出"科目应按项目名称设置二级明细科目，再根据《政府收支分类科目》中支出的功能分类的要求，按类、款、向分级设置三级和三级以下的明细科目。具体明细科目设置见表6-2。

表6-2 财政补助收入明细科目设置表

总账科目	一级明细科目	二级明细科目	三级及以下明细科目
财政补助收入	基本支出	人员经费	功能类、款、项
		日常公用经费	功能类、款、项
	项目支出	项目名称	功能类、款、项
		……	功能类、款、项

二、财政补助收入的账务处理

财政补助收入需要分别按照财政直接支付、财政授权支付和财政实拨资金三种支付方式进行不同的账务处理。

(一) 财政直接支付方式

在财政直接支付方式下，事业单位收到国库支付执行机构委托代理银行转来的"财政直接支付入账通知书"时，即可确认财政补助收入，同时确认直接支付所形成的事业支出或相关资产。此时，财政部门已经完成了款项的实际支付，相关经济利益已经流入了事业单位，收入的数额也已经可靠计量。

【例6-1】某事业单位收到国库支付执行机构委托代理银行转来的"财政直接支付入账通知书"及原始凭证，事业单位的一笔培训费用80 000元已经完成支付。

借：事业支出—财政补助支出—基本支出　　　　　　　　　　80 000
　　贷：财政补助收入—基本支出　　　　　　　　　　　　　　　　80 000

上面的会计分录只列出了"财政补助收入"的一级明细科目，在会计实务中需要按部门预算管理和《政府收支分类科目》的要求进行明细核算。完整的会计科目为"财政补助收入——基本支出——日常办公经费——功能类、款、项"。其中，功能类、款、项需要根据事业单位的职能、财政补助资金的性质以及《政府收支分类科目》的要求填列。

【例6-2】某事业单位收到国库支付执行机构委托代理银行转来的"财政直接支付入账通知书"及原始凭证，事业单位通过财政直接支付方式购买的办公用品已经采购完成，办公用品价值为4 000，已经验收入库。

借：存货——办公用品　　　　　　　　　　　　　　　　　　4 000
　　贷：财政补助收入——基本支出　　　　　　　　　　　　　　　4 000

同时，上例需要对财政补助收入进行明细核算，完整的会计科目为"财政补助收入——基本支出——日常办公经费——功能类、款、项"。

【例6-3】某事业单位收到国库支付执行机构委托代理银行转来的"财政直接支付入账通知书"及原始凭证，财政部门通过财政直接支付方式为事业单位支付了一项技术开发费用共计30 000元，此款项为项目经费，专门用于事业单位的专业技术改造。

借：事业支出——财政补助支出——项目支出　　　　　　　　　　　　30 000
　　　贷：财政补助收入——项目支出　　　　　　　　　　　　　　　　　30 000

同时，上例需要对财政补助收入进行明细核算，完整的会计科目为"财政补助收入——项目支出——技术改造项目——功能类、款、项"。

（二）财政授权支付方式

在财政授权支付方式下，事业单位在收到代理银行转来的"授权支付到账通知书"时，即可确认财政补助收入，通知确认已经下达的零余额账户用款额度。

【例6-4】某事业单位收到代理银行转来的"授权支付到账通知书"，本月事业单位财政授权支付额度为100 000元，已经下达代理银行，其中基本支出补助为80 000元，项目支出补助为20 000元。

借：零余额账户用款额度　　　　　　　　　　　　　　　　　　　　100 000
　　　贷：财政补助收入——基本支出　　　　　　　　　　　　　　　　　80 000
　　　　　　　　　　　　——项目支出　　　　　　　　　　　　　　　　　20 000

（三）财政实拨资金方式

财政实拨资金是财政部门的国库支付执行机构按照批复的部门预算和资金使用计划，开出拨款凭证将财政补助款项划转到事业单位在商业银行开设的存款账户。财政实拨资金主要适用于未实行国库集中收付制度的事业单位，以及一些特殊财政补助款项的拨付。

在财政实拨资金方式下，事业单位收到开户银行转来的"到账通知书"，款项已经到账时，即可确认财政补助收入。

【例6-5】某事业单位收到开户银行转来的"到账通知书"，财政部门拨入的项目经费200 000元已经到账。

借：银行存款　　　　　　　　　　　　　　　　　　　　　　　　　200 000
　　　贷：财政补助收入——项目支出　　　　　　　　　　　　　　　　200 000

期末，应将"财政补助收入"科目本期发生额转入"财政补助结转"科目。"财政补助收入"科目应无余额。

第三节　事业收入

一、事业收入的概念

（一）事业收入的含义

事业收入是事业单位开展专业业务活动及辅助活动所取得的收入。事业收入是事业单位的业务收入,包括提供服务取得的收入和销售商品取得的收入。专业业务活动是事业单位的主要业务事项,是事业单位为了实现其宗旨所开展的业务活动。每个事业单位的专业业务活动可能有所不同,如学校的专业业务活动是教育活动,研究机构的专业业务活动是科研活动,卫生事业单位的专业业务活动是医疗服务活动等。辅助活动是与专业活动相关的,为专业业务活动提供支持的活动。事业单位的业务活动具有公益属性,在国家政策支持下可以通过事业收费运转的事业单位,提供的公益性服务不以盈利为目的,但需要按成本补偿的原则制定价格,收取服务费用。事业收入不同于各种补助收入,事业收入是一种有偿收入,以提供各项服务(或商品)为前提,是事业单位在业务活动中通过收费等方式取得的。

事业单位应当坚持其公益性质,把社会效益放在首位,在国家政策允许的范围内依法取得事业收入。事业单位应当严格按照经国家批准的收费项目和收费标准进行收费,向交费人开具统一印制的财政票据或税务票据,加强事业收入的预算管理。

(二)事业收入的分类

按管理方式的不同,事业收入分为财政专户返还收入和其他事业收入两种类型。

(1)财政专户返还收入,是采用财政专户返还方式管理的事业收入。承担政府规定的社会公益性服务任务的事业单位,面向社会提供的公益服务是无偿的,或只按政府指导价格收取部分收费,其事业收费需要纳入财政专户管理。如果事业单位的某项事业收费纳入了财政专户管理,事业收入需要按"收支两条线"的方式管理。在这种管理方式下,事业单位取得的各项事业型收费不能立即安排支出,需要上缴统计财政部门设立的财政资金专户,支出时同级财政部门按资金收支计划从财政专户中拨付。事业单位经过审批取得从财政专户核拨的款项时,方可确认事业收入。

(2)其他事业收入,是未采用财政专户返还方式管理的普通事业收入。许多事业单位的业务活动具有公益属性,在国家政策的支持下可以通过事业收费正常运转,提供的公益性服务不以盈利为目的,但需要按成本补偿的原则制定价格并收取服务费用,其事业收费不需要纳入财政专户管理。如果事业单位的某项事业收费没有纳入财政专户管理,事业单位在收到各项服务收费时即可确认事业收入。

但需要注意,事业单位业务活动的各项收费并非均属于事业收入。事业单位因代行政府职能而收取的款项需要上缴国库,形成政府的财政收入。事业单位收取的纳入财政专户管理的各项收入需要上缴财政专户,核拨后形成事业单位的财政专户返还收入。事业单位应当根据预算管理的要求,正确区分一项事业收费是属于事业收入,还是应缴国库款或应缴财政专户款。

(三)事业收入的账户设置

为了反映事业单位事业业务收入的情况,事业单位应当设置"事业收入"科目。该科目核算事业单位开展专业业务活动及辅助活动所取得的收入。事业收入一般按收付实现制基础确认，按实际收到的数额计量。

"事业收入"科目应当按照事业收入类别、项目、《财政收支分类科目》中"支出功能分类"相关科目等进行明细核算。事业收入属于非财政补助收入，事业收入中如有专项资金收入，还应按具体项目进行明细核算。明细科目设置的要求如下：

（1）按事业业务的类别设置一级明细科目。

（2）按事业业务的收费项目设置二级明细科目。

（3）事业收入中如有专项资金收入，按项目名称设置三级明细科目。

（4）在上述明细科目下，按"支出功能分类"的类、款、项进行明细核算。

二、事业收入的账务处理

事业收入需要根据收入的管理方式的不同，分别按照财政专户管理方式和其他管理方式进行不同的账务处理。

（一）财政专户管理方式的事业收入

采用财政专户返还方式管理的事业收入也称为财政专户返还收入，是财政部门通过财政专户返还事业单位的业务收入，这项收入是事业单位的业务收入，同时也属于财政资金。事业单位应当正确区分财政专户返还收入和普通事业收入，如果一项事业收费是代行政府职能，已经纳入财政专户管理的收费目录，应确认为财政专户返还收入。

采用财政专户返还方式管理的事业收入应当在收到从财政专户返还的事业收入时确认。

（1）事业单位收到应上缴财政专户的事业收入时，按照收到的款项金额，借记"银行存款"、"库存现金"等科目，贷记"应缴财政专户款"科目。

（2）向财政专户上缴款项时，按照实际上缴的款项金额，借记"应缴财政专户款"科目，贷记"银行存款"等科目。

（3）收到从财政专户返还的事业收入时，按照实际收到的返还金额，借记"银行存款"等科目，贷记"事业收入"科目。

【例6-6】某事业单位开展专业业务活动收到事业服务费10 000元，款项已经存入银行账户。此款项纳入财政专户管理，按规定需要全额上缴财政专户。

借：银行存款   10 000
  贷：应缴财政专户款   10 000

【例6-7】某事业单位收到银行通知，申请财政专户核拨的基本经费50 000元已经到账。此款项是事业单位上缴的检测服务收费。

借：银行存款   50 000
  贷：事业收入——检测业务——××收费项目   50 000

【例6-8】某事业单位收到国库支付执行机构委托代理银行转来的"财政直接支付入

账通知书",财政部门通过直接支付的方式,用财政专户管理的资金为事业单位支付相关的费用100 000元。此款项是事业单位上缴的检验服务收费。

借:事业支出——财政补助支出——基本支出　　　　　　　100 000
　　贷:事业收入——检验业务——××收费项目　　　　　　　100 000

"事业收入"科目在上述明细科目下,还需要根据事业单位的行业属性按"支出功能分类"的类、款、项进行明细核算。为了方便省略了事业收入的功能分类。

【例6-9】某事业单位收到代理银行转来的"授权支付到账通知书",财政部门通过授权支付方式核拨的财政专户管理资金10 000元已经下达。此款项是事业单位上缴的咨询服务收费,限定用于支付相关的课题经费。

借:零余额账户用款额度　　　　　　　　　　　　　　　　10 000
　　贷:事业收入——科技咨询业务——××收费项目(课题经费)　10 000

(二)其他管理方式的事业收入

其他管理方式的事业收入,即未采用财政专户返还方式管理的事业收入。如果事业单位的收入没有纳入财政专户管理,事业单位提供服务或商品取得的收入不需要上缴财政专户,事业单位在收讫价款时即可确认事业收入。收到事业收入时,按照收到的款项金额,借记"银行存款"、"库存现金"等科目,贷记"事业收入"科目。事业单位的事业收入需要缴纳增值税的,属于增值税小规模纳税人的事业单位应当按照出售价款扣除增值税后的金额确认事业收入,属于增值税一般纳税人的事业单位应当扣除增值税销项税额后的价款金额确认事业收入。

【例6-10】某事业单位为博物馆,其专业业务活动为文化艺术品展览。当日展览取得门票收入为10 000元,款项已经存入银行。

借:银行存款　　　　　　　　　　　　　　　　　　　　　10 000
　　贷:事业收入——展览收入——门票收入　　　　　　　　　10 000

【例6-11】某事业单位为培训中心,为某企业举办两期业务培训班,产生的培训收费总计35 000元。现收到第一期培训费10 000元,相关的款项已经存入银行。

借:银行存款　　　　　　　　　　　　　　　　　　　　　10 000
　　贷:事业收入——培训费——学费收入　　　　　　　　　　10 000

期末,应将"事业收入"科目本期发生额中的专项资金收入结转入"非财政补助结转"科目;将"事业收入"科目本期发生额中的非专项资金收入结转入"事业结余"科目。期末结账后"事业收入"科目应无余额。

第四节　上级补助收入

一、上级补助收入的概念

（一）上级补助收入的含义

上级补助收入是事业单位收到主管部门或上级单位拨入的非财政补助资金。根据事业单位的管理体制，每个事业单位均有主管部门或上级单位，主管部门或是上级单位可以利用自身的收入或集中的收入，对所属事业单位给予补助，以调剂事业单位的资金余缺。上级补助收入不同于财政补助收入，上级补助收入并非来源于财政部门，也不是财政部门安排的财政预算资金，而是由主管部门或上级单位拨入的非财政性资金。上级补助收入并不是事业单位的常规收入，主管单位或上级单位一般根据自身的资金情况和事业单位的需要进行拨付。

（二）上级补助收入的分类

上级补助收入是事业单位的非财政补助资金，需要按照主管部门或上级单位的要求来进行管理，按规定的用途安排使用。按照使用要求的不同，上级补助收入分为专项资金收入和非专项资金收入。

（1）专项资金收入，是主管部门或上级单位拨入的用于完成特定任务的款项。专项资金收入应当专款专用、单独核算，并按照规定向主管部门或上级单位报送专项资金使用情况；项目完成后，应当报送专项资金支出决算和使用效果的书面报告，接受主管部门或上级单位的检查、验收。当年未完成的项目结转到下一年继续使用。已经完成项目结余的资金，按规定缴回原拨款单位，或留归事业单位转入事业基金。

（2）非专项资金收入，是主管部门或上级单位拨入用于维持正常运行和完成日常工作任务的款项。非专项资金收入无限定的用途，年度结余的资金可以转入事业结余并进行分配。

（三）上级补助收入的账户设置

为了反映事业单位取得主管部门或上级单位的补助情况，事业单位应当设置"上级补助收入"科目。上级补助收入按收付实现制基础确认，按实际收到的数额计量。

"上级补助收入"科目应当按照发放补助单位、补助项目、《政府收支分类科目》中"支出功能分类"相关科目等进行明细核算。上级补助收入属于非财政补助，上级补助收入中如有专项资金收入，还应该按具体项目进行明细核算。明细核算科目设置的要求如下：

(1) 按拨款的主管部门或上级单位的名称设置一级明细科目。
(2) 上级补助收入中如有专项资金收入，按项目名称设置二级明细科目。
(3) 在上述明细科目下，按"支出功能分类"的类、款、项进行明细核算。

二、上级补助收入的账务处理

上级补助收入通常采用实拨资金的方式拨付，主管部门或上级单位将补助款项转入事业单位在商业银行开设的账户。事业单位收到开户银行转来的"到账通知书"，补助款项已经到账时，即可按照实际收到的金额确认上级补助收入。

【例6-12】某事业单位收到主管部门拨来的补助款100 000元，款项已经到账。此款项是上级单位用其所集中的款项对附属单位基本支出进行的调剂。

借：银行存款　　　　　　　　　　　　　　　　　　　　100 000
　　贷：上级补助收入——主管部门　　　　　　　　　　　　100 000

同时，需要按"支出功能分类"的要求进行明细核算。

【例6-13】某事业单位收到上级单位拨来的补助款10 000元，款项已经到账。此款项资助事业单位所开展的一项课题研究。

借：银行存款　　　　　　　　　　　　　　　　　　　　 10 000
　　贷：上级补助收入——上级单位——课题研究　　　　　　10 000

期末，应将"上级补助收入"科目本期发生额中的专项资金收入转入"非财政补助结转"科目，将"上级补助收入"科目本期发生额中的其他资金收入（非专项资金收入）转入"事业结余"科目。期末结账后，"上级补助收入"科目应无余额。

第五节　附属单位上缴收入

一、附属单位上缴收入的概念

附属单位上缴收入是指事业单位附属的独立核算单位按规定标准或比例缴纳的各项收入。事业单位一般下设一些独立核算的附属单位。这些单位按规定应当上缴一定的收入，形成事业单位的附属单位上缴收入。

所谓附属单位是指事业单位内部设立的，实行独立核算的下级单位，与上级单位存在一定的体制关系。附属单位缴款是事业单位收到的附属单位上缴的款项，事业单位与附属单位之间的往来款项，不通过附属单位缴款核算，事业单位对外投资获得的投资收益也不通过附属单位缴款核算。

二、附属单位上缴收入的账务处理

为了反映事业单位取得所属单位缴款的情况，事业单位应当设置"附属单位上缴收入"科目。该科目核算事业单位收到独立核算附属单位按规定上缴的款项。附属单位缴款按首付实现制基础确认，按实际收到的数额计量。

"附属单位上缴收入"科目应当按照附属单位、缴款项目、《政府收支分类科目》中"支出功能分类"相关科目等进行明细核算。附属单位上缴收入属于非财政补助收入，附属单位上缴收入中如有专项资金收入，还应按具体项目进行明细核算。明细科目设置的要求如下：

（1）按附属单位的名称设置一级明细科目。
（2）按缴费项目设置二级明细科目。
（3）附属单位上缴款项中如有专项资金收入，则应当按项目名称设置三级明细科目。
（4）在上述明细科目下，按"支出功能分类"的类、款、项进行明细核算。

事业单位在收到附属单位缴来款项时，按照实际收到金额，借记"银行存款"等科目，贷记"附属单位上缴收入"科目。

【例 6-14】某事业单位下属的招待所为独立核算的附属单位。按事业单位与招待所签订的收入分配办法规定，2013 年招待所应缴纳分成款 50 000 元，事业单位已收到招待所上缴的款项。

借：银行存款　　　　　　　　　　　　　　　　　　　　　　　50 000
　　贷：附属单位上缴收入——招待所——2013 年分成款　　　　　50 000

期末，应当将"附属单位上缴收入"科目本期发生额中的专项资金收入结转入"非财政补助结转"科目；将"附属单位上缴收入"科目本期发生额中的非专项资金收入结转入"事业结余"科目。期末结账后，本科目应无余额。

第六节　经营收入

一、经营收入的概念

（一）经营收入的含义

经营收入是事业单位在专业业务活动及辅助活动之外开展非独立核算经营活动取得的收入。经营收入是一种有偿收入，以提供各项服务或商品为前提，是事业单位在经营活动中通过收费等方式取得的。事业单位的主要业务活动是专业业务活动，在专业业务活动及辅助活动以外开展各项业务活动即为经营活动。事业单位开展经营活动的目的是通过经营活动获取一定的收入,来弥补事业经费的不足。

事业单位经营收入的确认,有两个条件:一是经营收入是事业单位在专业业务活动及辅助活动之外取得的收入;二是经营收入是事业单位非独立核算单位取得的收入。一个收入事项同时具备以上两个条件方能确认为经营收入。事业单位所属独立核算单位的各项收入,由所属独立核算单位自行组织核算,上级单位不进行记录。事业单位收到所属独立核算单位上缴的收入,通过"附属单位上缴收入"科目进行核算。

(二) 经营收入的分类

经营收入按经营业务类型的不同,分为服务收入、销售收入、租赁收入和其他经营收入。服务收入是事业单位非独立核算部门对外提供经营服务取得的收入。销售收入是事业单位非独立核算部门开展商品生产、加工对外销售商品取得的收入。租赁收入是事业单位对外出租房屋、场地和设备等取得的收入。其他经营收入是除上述收入以外的各项经营类业务收入。

(三) 经营收入的账户设置

为了反映事业单位经营业务的收入情况,事业单位应当设置"经营收入"科目。该科目核算事业单位在专业业务活动及辅助活动之外开展非独立核算经营活动取得的收入。经营收入以权责发生制为基础确认。事业单位在已提供服务或商品并收讫价款或者取得收款凭据时,按照收到或者应收的金额确认经营收入。

"经营收入"科目应当按照经营活动的类别、项目,并通过《政府收支分类科目》中"支出功能分类"相关科目等进行明细核算。明细科目设置的要求如下:

(1) 按经营业务的类别设置一级明细科目。

(2) 按经营业务的收费项目设置二级明细科目。

(3) 在上述明细科目下,按"支出功能分类"的类、款、项进行明细核算。

二、经营收入的账务处理

(一) 已经收讫款项

在提供服务或者发出存货的同时收讫价款,按照实际收到的金额确认经营收入,借记"库存现金"、"银行存款"等科目,贷记"经营收入"科目。

【例6-15】某事业单位为公众提供检测服务(没有实行独立核算),1 000元的款项已经收讫并存入银行。

借:银行存款　　　　　　　　　　　　　　　　　　　　　　1 000
　　贷:经营收入——检测服务费　　　　　　　　　　　　　　　　1 000

(二) 尚未收讫价款,但取得了索取价款的凭据

经营收入按权责发生制基础确认,如果事业单位在提供服务或者发出存货时没有收讫价款,但取得了索取价款的凭据,应当按照应收取的金额确认经营收入,借记"应收

账款"、"应收票据"等科目，贷记"经营收入"科目。

【例6-16】 某事业单位附属的服务部提供打印服务应收取打印费1 000元，实际收到800元，款项已经存入银行。

借：银行存款　　　　　　　　　　　　　　　　　　　　　　800
　　应收账款　　　　　　　　　　　　　　　　　　　　　　200
　　贷：经营收入——打印服务——打印费　　　　　　　　　　　1 000

（三）涉及增值税经营业务

如果事业单位的经营收入按规定应当缴纳增值税，应当按扣除增值税后的金额确认经营收入。

（1）属于增值税小规模纳税人的事业单位实现经营收入，按实际出售价款，借记"银行存款"、"应收账款"、"应收票据"等科目，按出售价款扣除增值税额后的金额，贷记"经营收入"科目，按应缴增值税金额，贷记"应缴税费—应缴增值税"科目。

（2）属于增值税一般纳税人的事业单位实现经营收入，按包含增值税的价款总额，借记"银行存款"、"应收账款"、"应收票据"等科目，扣除除增值税销项税额后的价款金额，贷记"经营收入"科目，按增值税专用发票上注明的增值税金额，贷记"应缴税费—应缴增值税（销项税额）"科目。

【例6-17】 某事业单位利用其技术条件对外销售一项附属产品：当期销售商品一批，价值234 000元（含税），款项尚未收到。该事业单位为增值税一般纳税人，销售商品的增值税税率为17%，增值税销项税额为34 000元。

借：应收账款　　　　　　　　　　　　　　　　　　　　　234 000
　　贷：经营收入——生产业务——产品销售收入　　　　　　　200 000
　　　　应缴税费——应缴增值税（销项税额）　　　　　　　　34 000

期末，应将"经营收入"科目本期发生额转入"经营结余"科目。期末结账后，"经营收入"科目应无余额。

第七节　其他收入

一、其他收入的概念

其他收入是事业单位除上述各项收入以外的收入。上述各项收入均有其确定的内容，如果一项收入不属于上述任何一项收入，则可以确认为其他收入。事业单位会计按收入事项，分别设置了"财政补助收入"、"上级补助收入"、"事业收入"、"经营收入"、"附属单位上缴收入"等会计科目，核算相应的收入事项。但上述会计科目并不能核算事业单位所有的收入事项，需要通过"其他收入"核算没有列入上述科目核算范围的各项收入。

事业单位的其他收入主要内容包括投资收益、银行存款利息收入、租金收入、捐赠收入、现金盘盈收入、存货盘盈收入、收回已核销应收及预付款项、无法偿付的应付及预收款项等。

二、其他收入的账务处理

事业单位应当设置"其他收入"科目，核算事业单位除上述各项收入以外的收入。其他收入按收付实现制基础确认，按实际收到的数额计量。

"其他收入"科目应当按照其他收入的类别《政府收支分类科目》中"支出功能分类"相关科目进行明细核算；其他收入属于非财政补助收入，其他收入中如有专项资金收入，还应按具体项目进行明细核算，明细科目设置要求如下：

（1）按收入的类别，设置"投资收益"、"利息收入"、"租金收入"、"捐赠收入"、"现金盘盈收入"、"存货盘盈收入"、"收回已核销款项"、"无法偿付的款项"等一级明细科目。

（2）如有限定用途的捐赠收入，在"捐赠收入"明细科目下按项目名称设置二级明细科目。

（3）在上述明细科目下，按"支出功能分类"的类、款、项进行明细核算。

其他收入的主要账务处理如下：

（一）投资收益

事业单位各项短期投资、长期债券投资、长期股权投资取得的投资收入通过"其他收入"科目核算，在实际收到时按收到的金额确认，投资持有期间不确认投资收益。

（1）对外投资持有期间收到利息、利润等时，按实际收到的金额，借记"银行存款"等科目，贷记"其他收入——投资收益"科目。

（2）出售或到期收回国债投资本息，按照实际收到的金额，借记"银行存款"等科目，按照出售或收回国债投资的成本，贷记"短期投资"、"长期投资"科目，按其差额，贷记或借记"其他收入——投资收益"科目。

【例6-18】某事业单位一项长期股权投资分配利润，按投资份额计算，该事业单位取得投资收益30 000元。款项已经收到，存入事业单位的银行账户。

借：银行存款　　　　　　　　　　　　　　　　　　　　　　　　　30 000
　　贷：其他收入——投资收益　　　　　　　　　　　　　　　　　　　30 000

【例6-19】某事业单位一项短期国债投资到期兑付，其受回国债投资本息51 200元，其中短期投资成本50 000元，利息1 200元。

借：银行存款　　　　　　　　　　　　　　　　　　　　　　　　　51 200

　　　　贷：短期投资　　　　　　　　　　　　　　　　　　　　　　　50 000
　　　　　　其他收入——投资收益　　　　　　　　　　　　　　　　　　1 200

（二）存款利息与租金收入

事业单位收到银行存款利息、资产承租人支付的租金，按照实际收到的金额，借记"银行存款"等科目，贷记"其他收入—利息收入、租金收入"科目。

【例6-20】某事业单位将一暂时闲置的房屋出租，收到承租人交来的本月租金5 000元，款项均已到账。

　　　借：银行存款　　　　　　　　　　　　　　　　　　　　　　　5 000
　　　　　贷：其他收入——租金收入　　　　　　　　　　　　　　　　　5 000

（三）捐赠收入

事业单位接收社会机构或个人捐赠的现款、物资等通过"其他收入—捐赠收入"科目核算。接受捐赠固定资产、无形资产等非流动资产，不通过本科目核算。收到主管单位、上级部分的补助款项，不通过本科目核算。

（1）接受捐赠现金资产，按照实际收到的金额，借记"银行存款"等科目，贷记"其他收入—捐赠收入"科目。

（2）接受捐赠的存货验收入库，按照确认的成本，借记"存货"科目，按照发生相关税费、运输费等，贷记"银行存款"等科目，按照其差额，贷记"其他收入—捐赠收入"科目。

（3）接受的限定用途的捐赠，应当按具体项目设置明细账户进行明细核算。

【例6-21】某事业单位接受社会组织捐赠的款项共计20 000元，存入本单位的银行账户中。收到捐赠的材料用品一批，已经验收入库，根据所附凭据其价值为40 000. 捐赠人并未对所捐赠的款项、物资提出限制条件。

　　　借：银行存款　　　　　　　　　　　　　　　　　　　　　　　20 000
　　　　　存货　　　　　　　　　　　　　　　　　　　　　　　　　40 000
　　　　　贷：其他收入——捐赠收入　　　　　　　　　　　　　　　　60 000

（四）流动资产盘盈

事业单位盘盈的现金、存货通过"其他收入"科目核算。盘盈的固定资产不通过本科目核算。每日现金账款核对中如发现现金溢余，属于无法查明原因的部分，借记"库存现金"科目，贷记"其他收入—现金盘盈收入"科目。盘盈的存货，按照确定的入账价值，借记"存货"科目，贷记"其他收入—存货盘盈收入"科目。

【例6-22】某事业单位当日在现金账款核对中发现溢余50元，经审查为财务报销正常的溢余。

　　　借：库存现金　　　　　　　　　　　　　　　　　　　　　　　　50
　　　　　贷：其他收入——现金盘盈收入　　　　　　　　　　　　　　　50

（五）收回已核销应收及预付款项与无法偿付的应付及预收款项

核销后又收回的应收及预付款项，以及无法偿付的应付及预收款项，通过"其他收入"科目核算。

（1）事业单位已核销应收账款、预付账款、其他应收款在以后期间收回的，按照实际收回的金额，借记"银行存款"等科目，贷记"其他收入—收回已核销款项"科目。

（2）事业单位无法偿付或债权人豁免偿还的应付账款、预收账款、其他应付款及长期应付款，借记"应付账款"、"预收账款"、"其他应付款"、"长期应付款"等科目，贷记"其他收入—无法偿付的款项"科目。

【例6-23】某事业单位因某一职工自行离职，已经将其所欠单位款项5000元核销。但该职工又回到了单位，经索要收回了款项。

借：银行存款　　　　　　　　　　　　　　　　　　　　　　5 000
　　贷：其他收入——收回已核销款项　　　　　　　　　　　　　5 000

期末，应将"其他收入"科目本期发生额中的专项资金收入结转入"非财政补助结转"科目；将"其他收入"科目本期发生额中的非专项资金收入结转入"事业结余"科目。期末结账后，"其他收入"科目应无余额。

第八节　新旧会计制度收入核算的变化

一、收入核算的差别

新旧事业单位会计准则收入核算对比如表6-3所示。

表6-3　新旧事业单位会计准则收入核算对比

序号	新事业单位会计制度会计科目		旧事业单位会计制度会计科目	
	编号	名称	编号	名称
收入类				
38	4001	财政补助收入	401	财政补助收入
39	4101	事业收入	405	事业收入
40	4201	上级补助收入	403	上级补助收入
41	4301	附属单位上缴收入	412	附属单位缴款
42	4401	经营收入	409	经营收入
43	4501	其他收入	413	其他收入

二、新旧会计制度的衔接

收入核算会计科目的变化：

（1）"财政补助收入"、"事业收入"、"上级补助收入"、"附属单位缴款"、"经营收入"、"其他收入"、"拨出经费"科目。

由于上述原账中收入类科目年末无余额，不需进行转账处理。自2013年1月1日起，应当按照新制度设置收入支出类科目并进行账务处理。

（2）"拨入专款"、"拨出专款"科目。

新制度未设置"拨入专款"、"拨出专款"科目。转账时，应将原账中"拨入专款"科目的余额转入新账中"非财政补助结转"科目的贷方，将原账中"拨出专款"科目的余额转入新账中"非财政补助结转"科目的借方。

第七章 支出

第一节 支出概述

一、支出的概念及内容

(一) 事业单位支出的概念

支出是指事业单位开展业务及其他活动发生的资金耗费和损失。事业单位在专业业务活动、经营业务活动和其他活动中发生的资金耗费，以及产生的各项损失，均可确认为事业单位的支出。

事业单位的支出可以表现为经济利益的流出或者服务潜力的流出，导致本期净资产的减少。支出一般在经济利益或者服务潜力能够流出从而导致事业单位资产减少或者负债增加，并且当经济利益或者服务服务潜力的流出额能够可靠计量时才能予以确认。新修订的《事业单位会计制度》规定，事业单位会计核算一般采用收付实现制，但部分经济业务或者事项的核算应当按照本制度的规定采用权责发生制。因此事业单位的支出存在以下两种确认方式：

(1) 在收付实现制基础下，事业单位的支出应当在其实际支付时予以确认。并按照实际支付金额计量。此时，经济利益或者服务潜力已经流出事业单位，并且导致事业单位资产减少或者负债增加。事业单位的事业业务支出、其他业务支出一般按收付实现制基础确认。

(2) 在权责发生制基础下，事业单位的支出应当在其发生时予以确认，并按照实际发生额进行计量。此时，经济利益或者服务潜力能够流出事业单位，并且能够导致事业单位资产减少或者负债增加。事业单位的经营业务支出应当以权责发生制为基础确认，与经营收入相配比。事业单位的经营支出以外的各项支出如果采用权责发生制基础确认，应当符合会计制度的规定。

(二) 事业单位支出的内容

事业单位的支出包括事业支出、对附属单位补助支出、上缴上级支出、经营支出和其他支出等。事业单位的支出应当分类管理、按类型进行会计核算。

（1）按支出发生的环节，事业单位的支出分为业务活动支出和其他活动支出。业务活动支出是事业单位开展专业业务活动、经营业务活动及其相关辅助活动发生的支出，包括事业支出和经营支出。其他活动支出是事业单位业务活动支出以外的各项支出，主要包括对附属单位补助支出、上缴上级支出和其他支出。

（2）按支出资金额性质，事业单位的支出分为财政补助支出和非财政补助支出。财政补助支出是事业单位用财政补助收入安排的各项支出，主要发生在事业单位的事业支出中。非财政补助支出是事业单位用财政补助收入以外的资金安排的支出，包括用事业收入、上级补助收入、附属单位上缴收入、经营收入和其他收入等安排的支出。对附属单位补助支出、上缴上级支出、经营支出、其他支出属于非财政补助支出，事业单位支出既包括财政补助支出又包括非财政补助支出。

（3）按支出资金的限定性，事业单位的支出分为限定性支出和非限定性支出。限定性支出是用限定性收入安排的支出，非限定性支出是用非限定性收入安排的支出。财政补助支出一般区分为基本支出和项目支出。非财政补助支出一般区分为专项资金支出和非专项资金支出（其他资金支出）。

事业单位会计设置的支出类会计科目及分类见表7-1。

表7-1 支出类会计科目及分类

类型	会计科目	性质	限定性划分
业务活动支出	5001 事业支出	财政补助支出	基本支出
			项目支出
		非财政补助支出	专项支出
			非专项支出
	5301 经营支出	非财政补助支出	非专项支出
其他活动支出	5201 对附属单位补助支出	非财政补助支出	非专项支出
	5101 上缴上级支出		
	5401 其他支出	非财政补助支出	专项支出
			非专项支出

二、支出的管理要求

根据《事业单位财务规则》及相关行业事业单位财务制度的要求，事业单位支出的管理要求主要包括：

（1）加强支出的预算管理。事业单位应当将各项支出全部纳入单位预算，建立健全支出管理制度。事业单位根据年度事业发展目标和计划以及预算编制的规定，提出预算建议数，经主管部门审核汇总报财政部门。事业单位根据财政部门下达的预算控制数编制预算，由主管部门审核汇总报财政部门，经法定程序审核批复后执行。事业单位应当严格执行批准的支出预算。

（2）加强支出的规范性管理。事业单位的支出应当严格执行国家有关财务规章制度规定的开支范围及开支标准；国家有关财务规章制度没有统一规定的，由事业单位规定，报主管部门和财政部门备案。事业单位的规定违反法律制度和国家政策的，主管部门和财政部门应当责令改正。事业单位应当严格执行国库集中支付制度和政府采购制度等有关规定。事业单位应当依法加强各类票据管理，确保票据来源合法、内容真实、使用正确，不得使用虚假票据。

（3）加强专项资金管理。事业单位从财政部门和主管部门取得的有指定项目和用途的专项资金，应当专款专用、单独核算，并按照规定向财政部门或者主管部门报送专项资金使用情况。项目完成后，应当报送专项资金支出决算和使用效果的书面报告，接受财政部门或者主管部门的检查、验收。对于不同来源的项目资金，应当按照国家有关规定或者合同要求进行管理，不得截留、挤占、挪用和违反规定转拨资金，不得虚列支出，不得以任何形式谋取私利。

（4）加强支出的绩效管理。事业单位应当加强支出的绩效管理，提高资金使用的有效性。事业单位应当加强经济核算，可以根据开展业务活动及其他活动的实际需要，实行内部成本核算办法。事业单位在开展非独立核算经营活动时，应当正确归集实际发生的各项费用数额，不能归集的，应当按照规定的比例合理分摊。

第二节　事业支出

一、事业支出的概念

（一）事业支出的含义

事业支出是指事业单位开展各项专业业务活动及辅助活动发生的支出，包括基本支出和项目支出。事业支出与事业收入相对应，是事业单位支出的核心内容。事业单位是提供各种社会服务的公益性组织，在提供专业服务和辅助服务活动时，必然会发生一定的耗费。事业单位活动的领域不同，事业支出的内容也有所不同，如教育事业支出、科研事业支出、医疗事业支出、文化事业支出、展览事业支出、环境保护事业支出、福利事业支出等。

事业单位应当将事业支出纳入单位预算管理，严格执行国家财政制度和财经纪律，建立健全支出的管理与控制制度，在保证专业业务活动需要的前提下，尽可能减少事业支出，以提高财政资金和业务资金的使用效益。

（二）事业支出的分类

为加强事业支出的管理与核算，根据财政部门的要求，事业单位需要对事业支出进行适当的分类。事业支出的主要分类如下：

1. 按经费的性质，事业支出分为财政补助支出和非财政补助支出两类

（1）财政补助支出是事业单位用财政补助收入款项安排的事业支出。财政补助收入是事业单位从财政部门取得的款项，是财政部门根据预算安排，通过国库拨入事业单位的纳入预算管理的资金。财政补助支出按部门预算管理的要求应当区分基本支出和项目支出。

（2）非财政补助支出是事业单位使用除财政补助以外的款项安排的事业支出。事业单位的收入除财政补助收入外，还有事业收入、经营收入、上级补助收入、附属单位上缴收入、其他收入等。使用这些收入形成的款项安排的支出为非财政补助支出。按资金使用要求的不同，非财政补助支出分为专项资金支出和非专项资金支出。

2. 按部门预算管理的要求，事业支出分为基本支出和项目支出两类

（1）基支出是事业单位为了保障其正常运转，完成日常工作任务而发生的支出，包括人员经费支出和日常公用经费支出。

（2）项目支出是事业单位为了完成特定的工作任务和事业发展目标，在基本支出之外所发生的支出。

财政补助支出需要明确区分基本支出和项目支出。非财政补助支出中的非专项资金支出相当于基本支出，专项资金支出相当于项目支出。

3. 按预算科目的要求，事业支出需要进行经济分类

支出的经济分类主要反映政府支出的经济性质和具体用途。根据《政府收支分类科目》的规定，事业支出不但需要进行支出的功能分类，还需要进行支出的经济分类，按预算科目设置各级明细科目，为预算管理服务。事业支出的经济分类设类、款两级预算科目。预算科目设置情况如下：

（1）工资福利支出，款项包括：基本工资、津贴补贴、奖金、社会保障缴费、伙食费、伙食补助费、绩效工资、其他工资福利支出。

（2）商品和服务支出，款项包括：办公费、印刷费、咨询费、手续费、水费、电费、邮电费、取暖费、物业管理费、差旅费、因公出国（境）费用、维修（护）费、租赁费、会议费、培训费、公务接待费、专用材料费、装备购置费、工程建设费、作战费、军用油料费、军队其他运行维护费、被装购置费、专用燃料费、劳务费、委托

业务费、工会经费、福利费、公务用车运行维护费、其他交通工具运行维护费、其他商品和服务支出。

（3）对个人和家庭的补助，款项包括：离休费、退休费、退职（役）费、抚恤金、生活补助、救济费、医疗费、助学金、奖励金、生产补贴、住房公积金、提租补贴、购房补贴、其他对个人和家庭的补助支出。

（4）对企事业单位的补贴，款项包括：企业政策性补贴、事业单位补贴、财政贴息、国有资本经营预算费用性支出、其他对企事业单位的补贴支出。

（5）转移性支出，款项包括：不同政府间转移性支出、同级政府间转移性支出。

（6）赠与，款项包括：对国内的赠与、对国外的赠与。

（7）债务利息支出，款项包括：国内债务付息、向国家银行借款付息、其他国内借款付息、向国外政府借款付息、向国际组织借款付息、其他国外借款付息。

（8）债务还本支出，款项包括：国内债务还本、国外债务还本。

（9）基本建设支出，款项包括：房屋建筑物构建支出、办公设备购置支出、专业设备购置支出、基础设施建设支出、大型修缮支出、信息网络构建支出、物资储备支出、公务用车购置支出、其他交通工具购置支出、其他基本建设支出。

（10）其他资本性支出，款项包括：放弃建筑物构建支出、办公设备购置支出、专用设备购置支出、基础设施建设支出、大型修缮支出、信息网络构建支出、物资储备支出、土地补偿支出、安置补助支出、地上附着物和青苗补偿支出、拆迁补偿支出、公务用车购置支出、其他交通工具购置支出、其他资本性支出。

（11）贷款转贷及产权参股，款项包括：国内贷款支出、国外贷款支出、国内转贷支出、国外转贷支出、产权参股支出、国有资本经营预算资本性支出、其他贷款转贷及产权参股支出。

（12）其他支出，款项包括：预备费，预留、补充全国社会保障基金支出，未划分的项目支出，国有资本经营预算其他支出。

4. 按支出的经济事项，事业支出分为人员经费支出和日常公用经费支出

（1）人员经费支出，是指用于事业单位人员方面的事业支出，主要是《政府收支分类科目》中的"工资福利支出"和"对个人和家庭的补助"类别的具体款项，其中：属于"工资福利支出"类别的款项包括基本工资、津贴补贴、奖金、社会保障缴费、伙食费、伙食补助费、其他工资福利支出；属于"对个人和家庭的补助"类别的款项包括离（退）休费、抚恤金、生活补助费、救济金、医疗费、住房公积金、购房补贴、其他对个人和家庭的补助支出等款项。

（2）日常公用经费支出，是用于事业单位日常公务活动的经费支出，主要是《政府收支分类科目》中的"商品和服务支出"和"基本建设支出"类别的具体款项，其中：属于"商品和服务支出"类别的款项包括办公费、印刷费、咨询费、手续费、水电费、

邮电费、取暖费、物业管理费、差旅费、因公出国（境）费用、维修（护）费、租赁费、会议费、培训费、公务接待费、劳务费、委托业务费、工会经费、福利费、公务用车运行维护费、其他商品和服务支出；属于"基本建设支出"类别的款项包括房屋建筑物构建、办公设备购置、专用设备购置、基础设施建设、大型修缮、信息网络构建、物资储备、公务用车购置、其他交通工具购置、其他基本建设支出等。

（三）账户设置

为反映事业单位事业性质支出的情况，事业单位应当设置"事业支出"科目。该科目核算事业单位开展专业业务活动及其辅助活动发生的基本支出和项目支出。事业支出按收付实现制基础确认，以实际发生的数额计量。

事业单位的分类较为复杂，需要设置多层次的明细科目进行核算。《事业单位会计制度》规定，"事业支出"科目应当按照"基本支出"和"项目支出"，"财政补助支出"、"非财政补助支出"和"其他资金支出"等层级进行明细核算，并按照《政府收支分类科目》中"支出功能分类"相关科目进行明细核算；"基本支出"和"项目支出"明细科目下应当按照《政府收支分类科目》中"支出经济分类"的款级科目进行明细核算，同时在"项目支出"明细科目下按照具体项目进行明细核算。按此规定，事业支出的明细科目有两种设置方法。

1. 按事业支出的资金性质设置第一层次的明细科目

（1）"事业支出"科目应当按经费的性质设置"财政补助支出"、"非财政专项资金支出"和"其他资金支出"三个一级明细科目，再按照《政府收支分类科目》中"支出功能分类"和相关科目进行明细核算。

（2）在按经费性质设置明细科目后，应当分别在上述明细科目下设置"基本支出"和"项目支出"两个二级明细科目，分别核算事业单位的基本支出和项目支出的资金数额。

（3）"基本支出"明细科目下设置"人员经费支出"和"日常公用经费支出"两个三级明细科目，"项目支出"明细科目下按照具体项目名称设置三级明细科目。

（4）根据《政府收支分类科目》的要求，按"支出经济分类"款级科目设置次级明细科目。

在这种方式下事业支出明细科目的设置见表7-2。

表7-2 事业支出明细科目设置

总账科目	一级明细	二级明细	三级明细	预算科目
事业支出	财政补助支出	基本支出	人员经费	功能分类 经济分类
			日常公用经费	
		项目支出	项目名称	
	非财政专项资金支出	项目支出	项目名称	
			……	
	其他资金支出	基本支出	人员经费	
			日常公用经费	
		项目支出	项目名称	
			……	

2. 按部门预算管理的要求设置第一层次的明细科目

(1)"事业支出"科目应当按部门预算管理的要求设置"基本支出"和"项目支出"两个一级明细科目。

(2)按部门预算管理的要求设置一级明细科目后,在"基本支出"明细科目下按资金性质设置"财政补助支出"和"其他资金支出"两个二级明细科目;在"项目支出"明细科目下按资金性质设置"财政补助支出"、"非财政专项资金支出"和"其他资金支出"三个二级明细科目。

(3)在"基本支出"明细科目下,设置"人员经费支出"和"日常公用经费支出"两个三级明细科目;在"项目支出"明细科目下,按照具体项目名称设置三级明细科目。

(4)根据《政府收支分类科目》的要求,按"支出经济分类"款级科目设置次级明细科目。

在这种方式下事业支出明细科目的设置见表7-3。

表 7-3 事业支出明细科目设置

总账科目	一级明细	二级明细	三级明细	预算科目
事业支出	基本支出	财政补助支出	人员经费	功能分类 经济分类
			日常办公经费	
		其他资金支出	人员经费	
			日常办公经费	
	项目支出	财政补助支出	项目名称	
		非财政专项资金支出	项目名称	
		其他资金支出	项目名称	

事业单位应当根据事业支出的具体情况和相关要求选择明细科目的设置方式。以下按第一种方式设置明细科目，讲解事业支出的账务处理。尽管事业单位会计科目的明细科目设置层次较多，但是多数事业单位建立了会计信息系统，通过会计核算软件进行核算，在初始化时已经预置了明细科目。

二、事业支出的账务处理

（一）货币资金支付

直接以货币资金支付的人员经费、公用经费，在实际支付时按支付的金额确认事业支出，借记"事业支出"科目，贷记"银行存款"、"库存现金"等科目。

【例 7-1】某事业单位租用某宾馆综合厅举办工作会议，发生会议费 5 000 元，以银行存款支付。所付款项为财政部门当年拨入的基本经费。

借：事业支出——财政补助支出——基本支出　　　　　　　　　5 000
　　贷：银行存款　　　　　　　　　　　　　　　　　　　　　　5 000

上面的会计分录只列示了事业支出的两个层次的明细科目，在会计实务中需要按预算的要求逐级进行明细核算。如果按资金性质设置第一层次的明细科目，完整的明细科目为"事业支出——财政补助支出——基本支出——日常公用经费支出——商品和服务支出（会议费）"。如果按部门预算管理的要求设置第一层次的明细科目，完整的明细科目为"事业支出——基本支出——财政补助支出——日常公用经费支出——商品和服务支出（会议费）"。为了讲解方便，以下的会计分录均按资金性质设置第一层次的明细科目，并且省略二级以下层次的明细科目。

【例7-2】 某事业单位用事业收入支付一笔公务接待费用3 500元，款项以银行存款支付。所用款项为非财政补助、非专项资金。

  借：事业支出——其他资金支出——基本支出   3 500
    贷：银行存款   3 500

同时，需要对事业支出进行明细核算，完整的会计科目为"事业支出——其他资金支出——基本支出——日常公用经费支出——商品和服务支出（公务接待费）"。

【例7-3】 某事业单位使用上级主管部门拨入的课题研究经费（非财政专项资金），以银行转账方式支付项目调研费4 800元。

  借：事业支出——非财政专项资金支出——项目支出   4 800
    贷：银行存款   4 800

同时，需要对事业支出进行明细核算，完整的会计科目为"事业支出——非财政专项资金支出——项目支出——课题经费——日常公用经费支出——商品和服务支出（差旅费）"。

（二）财政直接支付

以财政直接支付方式发生的支出，事业单位在收到国库支付执行机构委托代理银行转来的"财政直接支付入账通知书"及原始凭证后确认事业支出，借记"事业支出"科目，贷记"财政补助收入"等科目。

【例7-4】 某事业单位收到国库支付执行机构委托代理银行转来的"财政直接支付入账通知书"及原始凭证，事业单位的新招聘人员业务培训费40 000元已经由财政直接支付给培训机构。

  借：事业支出——财政补助支出——基本支出   40 000
    贷：财政补助收入——基本支出   40 000

同时，需要对事业单位支出进行明细核算，完整的会计科目为"事业支出——财政补助支出——基本支出——日常公用经费支出——商品和服务支出（培训费）"。财政补助收入也需要逐级列出具体的明细科目。

（三）财政授权支付

以财政授权支出方式发生的支出，事业单位开出"授权支付凭证"使用授权额度时确认事业支出，借记"事业支出"科目，贷记"零余额账户用款额度"科目。

【例7-5】 某事业单位为公共医疗卫生事业单位，从单位的零余额账户用款额度中支出10 000元，用于支付流感预防项目人员的特殊岗位津贴。

  借：事业支出——财政补助支出——项目支出   10 000
    贷：零余额账户用款额度   10 000

同时需要对事业支出进行明细核算，完整的会计科目为"事业支出——财政补助支出——项目支出——预防项目——工资福利支出（津贴补贴）"。此事项还需要在"应付职工薪酬"科目中记录。

（四）其他方式

除上述方式外，事业单位的事业支出还包括计提职工薪酬、领用库存材料、购入固定资产、购入无形资产、计提修购基金等。为从事专业业务活动及其辅助活动人员计提的薪酬，在计提时确认事业支出。事业业务领用入库管理的存货，在发出存货时确认事业支出。购入事业用固定置产、无形置产，在购入并支付价款时确认事业支出。从事业收入中计提修购基金，在计提时确认事业支出。

期末，应当将"事业支出——财政补助支出"科目本期发生额结转入"财政补助结转"科目；将"事业支出——非财政专项资金支出"科目本期发生额结转入"非财政补助结转"科目；将"事业支出——其他资金支出科目"本期发生额结转入"事业结余"科目。期末结账后，"事业支出"科目应无结余。

第三节　上缴上级支出

一、上缴上级支出的概念

上缴支出是指事业单位按照财政部门和主管部门的规定上缴上级单位的支出。有上缴上级支出的事业单位是实行独立核算并附属于上级单位的事业单位。根据本单位与上级之间的体制安排，事业单位取得的各项收入应当按照规定的标准或比例上缴上级单位，形成事业单位的上缴上级支出。上缴上级支出属于非财政性资金支出，事业单位需要上缴上级单位的款项通常是事业单位的事业收入、经营收入和其他收入。

二、上缴上级支出的账务处理

事业单位应当设置"上缴上级支出"科目，核算事业单位按照财政部门和主管部门的规定上缴上级单位的支出。"上缴上级支出"科目应当按照收缴款项单位、缴款项目、《政府收支分类科目》中"支出功能分类"相关科目等进行明细核算。明细科目设置的要求如下：

（1）按收缴款项的上级单位名称设置一级明细科目；
（2）按缴款项目的类别设置二级明细科目；
（3）在上述明细科目下，按"支出功能分类"的类、款、项进行明细核算。

上缴上级支出按收付实现制基础确认,按实际上缴的数额计量。发生上缴上级支出时,借记"上缴上级支出"科目,贷记"银行存款"等科目。

【例 7-6】某事业单位根据体制安排和本年事业收入的数额,经过计算,本年应上缴上级单位款项 100 000 元。事业单位通过银行转账上缴了款项。

借:上缴上级支出——上级单位　　　　　　　　　　　　　　　100 000
　　贷:银行存款　　　　　　　　　　　　　　　　　　　　　　　100 000

期末,应将"上缴上级支出"科目本期发生额转入"事业结余"科目。期末结账后,"上缴上级支出"科目应无余额。

第四节　对附属单位补助支出

一、对附属单位补助支出的概念

对附属单位补助支出是指事业单位用财政补助收入之外的收入对附属单位补助所发生的支出。附属单位是指实行独立核算的下级单位。事业单位作为上级单位,可以使用自有经费对下属单位进行各项补助,支持所属单位事业的发展。对附属单位补助支出属于非财政性资金支出,事业单位不能用财政补助收入对附属单位进行补助,可以使用事业收入、经营收入、其他收入等非财政性资金对附属单位给予补助。

二、对附属单位补助支出的账务处理

事业单位应当设置"对附属单位补助"科目,核算事业单位用财政补助收入之外的收入对附属单位补助发生的支出情况。"对附属单位补助支出"科目应当按照接受补助单位、补助项目、《政府收支分类科目》中"支出功能分类"相关科目等进行明细核算。明细科目设置的要求如下:

(1) 按受补助单位名称设置一级明细科目;
(2) 按补助项目的类别设置二级明细科目;
(3) 在上述明细科目下,按"支出功能分类"的类、款、项进行明细核算。

对附属单位补助支出按收付实现制基础确认,按实际补助的数额计量。发生对附属单位补助支出时,借记"对附属单位补助支出"科目,贷记"银行存款"等科目。

【例 7-7】某事业单位用自有经费,对所属独立核算杂志社补助 10 000 元,以银行存款支付。

借:对附属单位补助支出——杂志社　　　　　　　　　　　　　　10 000

贷：银行存款　　　　　　　　　　　　　　　　　　　　　　　10 000

期末应当将"对附属单位补助"科目本期发生额转入"事业结余"科目。期末结账后，"对附属单位补助"科目应无余额。

第五节　经营支出

一、经营支出的概念

（一）经营支出的含义

经营支出是指事业单位在专业业务活动及辅助活动之外开展非独立核算经营活动发生的支出。如果事业单位的生产、加工经营业务实行内部成本核算，则经营支出为已销产品的实际成本。事业单位的主要业务是专业业务活动及辅助活动。为弥补事业单位经费的不足，更好地开展公益性服务活动，事业单位也可以开展经营类的业务活动。有经营活动的事业单位应正确划分事业支出和经营支出的界限。

经营支出应当与经营收入配比。确认条件有两个：一是在专业服务和辅助服务活动之外发生的支出，二是非独立核算单位发生的支出。独立核算附属单位的经营活动，应按会计制度规定单独进行核算，不通过事业单位的"经营支出"科目反映。独立核算附属单位上缴上级单位款项所形成的支出为上缴上级支出。

（二）经营支出的分类

事业单位应当加强经济核算，可以根据开展业务活动及其他活动的实际需要，实行内部成本核算办法。事业单位的经营业务，可以实行内部成本核算，也可以不实行内部成本核算。

（1）对于不实行内部成本核算的经营业务，发生的所有业务支出均通过"经营支出"核算，包括材料费用、人工费用及相关税费。

（2）对于实行内部成本核算的经营业务，应当对发生的业务费用进行归集、分配，准确计算产品的生产成本，在结转已销存货实际成本时确认经营支出。事业单位在开展非独立核算经营活动，应当正确归集实际发生的各项费用数；不能归集的，应当按照规定的比例合理分摊。

（三）经营支出的账户设置

为反映事业单位经营活动的情况，事业单位应当设置"经营支出"科目。该科目核算事业单位在专业业务活动及辅助活动之外开展非独立核算经营活动发生的各项支出，包括实行内部成本核算单位的已销存货的实际成本。经营支出按权责发生制基础确认，并与经营收入配比,以便考核经营业务的经济效益。

"经营支出"科目应当按照经营活动类别、项目、《政府收支分类科目》中"支出功能分类"相关科目等进行明细核算。明细科目设置的要求如下:

(1)按经营业务的类别设置一级明细科目;

(2)按经营业务的费用项目设置二级明细科目;

(3)在上述明细科目下,按"支出功能分类"的类、款、项进行明细核算。

二、经营支出的账务处理

(一)经营业务不实行内部成本核算

如果事业单位的经营业务不实行内部成本核算,经营支出在发生时按实际发生的数额确认。为开展非独立核算经营活动人员计提的薪酬,借记"经营支出"科目,贷记"应付职工薪酬"等科目。经营业务活动领用、发出的存货,按领用、发出存货的实际成本,借记"经营支出"科目,贷记"存货"科目。经营业务活动中发生的其他各项支出,借记"经营支出"科目,贷记"库存现金"、"银行存款"、"应缴税费"等科目。

【例7-8】某档案管理事业单位下设复印服务部为客户服务,其业务没有实行独立核算,也不要求进行内部成本核算。现计提本月临时聘用人员劳务费用5 000元。

借:经营支出——复印业务——劳务费   5 000
    贷:应付职工薪酬   5 000

【例7-9】某环境保护事业单位,向社会提供家庭装修污染检测服务,其业务没有实行独立核算,也不要求进行内部成本核算。本日购置检测用品4 000元,已经支付款项2 000元,其余款项尚未支付。

借:经营支出——检测业务——检测用品   4 000
    贷:银行存款   2 000
        应付账款   2 000

【例7-10】某文化事业单位,对外出租演出场地及相关设备。经计算,本月应当缴纳的相关税费2 000元。

借:经营支出——出租业务——税费   2 000
    贷:应缴税费   2 000

(二)经营业务实行内部成本核算

如果事业单位的生产、加工经营业务实行内部成本核算,需要经过"存货—生产成本"等科目归集生产费用,计算产品生产成本,在结转已销存货实际成本时确认经营支出。生产成本的核算,主要包括两个环节:一是成本费用的归集与分配,将发生的各项费用计入相应的成本对象中;二是完工产品成本的结转,将成本费用转入相应的产品成本中。

【例7-11】某事业单位为研究机构，正在开展一项新技术产品生产经营的业务，没有进行独立核算，但要求实行内部成本核算。现生产A产品领用甲材料，价款为5 000元。

借：存货——生产成本——A产品（直接材料）　　　　　　　　5 000
　　贷：存货——甲材料　　　　　　　　　　　　　　　　　　　5 000

【例7-12】根据工资分配计算单，A产品分配的人工费用是3 500元。

借：存货——生产成本——A产品（直接人工）　　　　　　　　3 500
　　贷：应付职工薪酬　　　　　　　　　　　　　　　　　　　　3 500

【例7-13】A产品发生制造费用2 500元，以银行存款支付。

借：存货——生产成本——A产品（制造费用）　　　　　　　　2 500
　　贷：银行存款　　　　　　　　　　　　　　　　　　　　　　2 500

【例7-14】月末A产品完工产品为100件（无在产品），结转A产品完成成本。

借：存货——A产品　　　　　　　　　　　　　　　　　　　110 000
　　贷：存货——生产成本——A产品（直接材料）　　　　　　　5 000
　　　　　　　　　　　　　　A产品（直接人工）　　　　　　　3 500
　　　　　　　　　　　　　　A产品（制造费用）　　　　　　　2 500

期末，应当将"经营支出"科目本期发生额转入"经营结余"科目。期末结账后，"经营支出"科目应无余额。

第六节　其他支出

一、其他支出的概念

其他支出是事业单位除上述各项以外的各种支出。事业单位会计设置了"事业支出"、"对附属单位补助支出"、"上缴上级支出"、"经营支出"等会计科目，核算相应的支出事项。但是，上述会计科目并不能涵盖事业单位所有支出事项，需要设置其他支出科目核算没有列入上述科目核算范围的各项支出。如果某一支出事项不在上述任何一个支出科目的核算范围之内，则可以确认其为其他支出。其他支出属于非财政补助性质的支出。

其他支出的主要内容包括利息支出、捐赠支出、现金盘亏损失、资产处置损失、接受捐赠（调入）非流动资产发生的税费支出的等。

二、其他支出的账务处理

事业单位应当设置"其他支出"科目,核算事业单位除事业支出、上缴上级支出、对附属单位补助支出、经营支出以外的各项支出。事业支出按收付实现制基础确认,以实际发生数额计量。"其他支出"科目应当按照其他支出的类别,《政府收支分类科目》中"支出功能分类"相关科目等进行明细核算。明细科目设置的要求如下:

(1) 按支出的类别,设置"利息支出"、"捐赠支出"、"现金盘亏损失"、"资产处置损失"、"捐赠税费支出"等一级明细科目。

(2) 其他支出中如有专项资金支出,应按具体项目设置二级明细科目;

(3) 在上述明细科目下,按"支出功能分类"的类、款、项进行明细核算。

其他支出的主要账务处理如下:

(一) 利息支出

事业单位支付银行的短期借款、长期借款的利息,通过"其他支出"科目核算。为购建固定资产支付的专门借款利息,属于工程项目建设期间支付的,在确认利息支出的同时,还要将其计入工程成本。支付银行借款利息时,借记"其他支出—利息支出"科目,贷记"银行存款"科目。

【例7-15】某事业单位因专业业务发展的需要从银行借入了一笔5年期的长期借款,按规定支付本期借款利息10 000元。

借:其他支出——利息支出　　　　　　　　　　　　　　　　　　10 000
　　贷:银行存款　　　　　　　　　　　　　　　　　　　　　　　　　　10 000

(二) 捐赠支出

事业单位对外捐赠货币资金、存货等流动资产,通过"其他支出"科目核算。对外捐赠固定资产、无形资产等非流动资产,不通过本科目核算,应当冲减其对应的非流动资产基金。对外捐赠货币资金时,借记"其他支出—捐赠支出"科目,贷记"银行存款"等科目;捐赠存货的,应当将捐出存货转入待处置资产损溢,对外捐赠存货时,借记"其他支出—捐赠支出"科目,贷记"待处置资产损溢"科目。

【例7-16】某事业单位为支出社会公益事业发展,向某慈善机构捐赠现款100 000元。

借:其他支出——捐赠支出　　　　　　　　　　　　　　　　　　100 000
　　贷:银行存款　　　　　　　　　　　　　　　　　　　　　　　　　　100 000

(三) 现金盘亏损失

每日现金账款核对中如发现现金短缺,属于无法查明原因的部分,报经批准后,借记"其他支出—现金盘亏损失"科目,贷记"库存现金"科目。

【例7-17】某事业单位当日现金账款核对中发现短缺50元,无法查明原因。经批准予以核销。

  借：其他支出——现金盘亏损失   50
    贷：库存现金   50

（四）资产处置损失

  事业单位逾期3年或以上、有确凿证据表明确实无法收回的应收及预付款项，以及盘亏或者损毁、报废的存货，应当转入"待处置资产损溢"科目，按规定报经批准后予以核销时，借记"其他支出——资产处置损失"科目，贷记"待处置资产损溢"科目。

  【例7-18】某事业单位报经批准，核销待处置的坏账5 000元。

  借：其他支出——资产处置损失   5 000
    贷：待处置资产损溢   5 000

（五）接受捐赠（调入）非流动资产发生的税费支出

  接受捐赠、无偿调入非流动资产发生的相关税费、运输费等，以及以固定资产、无形资产取得长期股权投资、所发生的相关税费，通过"其他支出——捐赠税费支出"科目核算。

  【例7-19】某事业单位接收某单位捐赠的一台设备，按规定应当缴纳的税费为6 000元。捐赠的设备限定用于事业单位所开展的雾霾天使治理研究项目。

  借：其他支出——捐赠税费支出（雾霾研究项目）   6 000
    贷：应缴税费   6 000

  期末，应当将"其他支出"科目本期发生额中的专项资金支出结转入"非财政补助结转"科目；将"其他支出"科目本期发生额中的非专项资金支出结转入"事业结余"科目。期末结账后，"其他支出"科目应无余额。

第七节 新旧会计制度支出核算的变化

一、支出核算的差别

  新事业单位会计制度与旧事业单位会计制度支出科目的设置的具体变化如表7-4所示。

表 7-4　新旧事业单位会计准则支出核算对比

序号	新事业单位会计制度会计科目		旧事业单位会计制度会计科目	
	编号	名称	编号	名称
支出类				
1	5001	事业支出	501	拨出经费
			504	事业支出
			520	结转自筹基建
2	5101	上缴上级支出	516	上缴上级支出
3	5201	对附属单位补助支出	517	对附属单位补助
4	5301	经营支出	505	经营支出
			512	销售税金
5	5401	其他支出		

二、新旧会计制度的衔接

支出核算会计科目的变化：

(1)"事业支出"、"上缴上级支出"、"对附属单位补助"、"经营支出"、"销售税金"、"结转自筹基建"科目。

由于上述原账中支出类科目年末无余额，不需进行转账处理。自 2013 年 1 月 1 日起，应当按照新制度设置收入支出类科目并进行账务处理。

(2)"专款支出"科目。

新制度未设置"专款支出"科目。转账时，将原账中"专款支出"科目的余额转入新账中"非财政补助结转"科目的借方。

第八章 财务会计报告

第一节 财务会计报告概述

一、财务会计报告的概念

财务报告是反映事业单位某一特定日期的财务状况和某一会计期间的事业成果、预算执行等会计信息的文件。事业单位需要编制财务报告,向财务报告使用者提供与事业单位财务状况、事业成果、预算执行等有关的会计信息,反映事业单位委托责任的履行状况,为财务报告使用者合理配置资源、进行社会及经济决策服务。

事业单位财务报告是各级政府和上级部门了解事业单位预算执行情况的重要依据,也是事业单位内部管理的基础资料。财务报告所提供的会计信息,有助于加强事业单位的预算管理和财务管理,接受社会公众的监督,促进事业单位提高公益服务的水平。

二、财务会计报告的内容

事业单位财务报告由会计报表、会计报表附注和财务情况说明书组成。会计报表和会计报表附注构成财务报表。

(一) 会计报表

会计报表是以表格形式反映事业单位的财务状况、收入支出情况和其他会计信息,是财务报告的重要组成部分。事业单位的会计报表主要包括资产负债表、收入支出表、财政补助收入支出表以及有关附注。

(1) 资产负债表是指反映事业单位在某一特定日期的财务状况的报表。

(2) 收入支出表是指反映事业单位在某一会计期间的事业成果及其分配情况的报表。

(3) 财政补助收入支出表是指反映事业单位在某一会计期间财政补助收入、支出、结转及结余情况的报表。

事业单位除编制上述主要会计报表外，还需要编制一系列明细表和附表，以全面反映各项收入、支出的构成。事业单位需要编制的明细表主要包括事业支出明细表、基本支出明细表、项目支出明细表等。这些报表需要根据《财政收支分类科目》的要求，按支出的经济分类列出各类、款、项的具体数额。事业单位还需要编制资产情况表、机构人员情况表、基本数字表等附表，反映事业单位的基本状况。

（二）会计报表附注

会计报表附注是指对会计报表中列示项目的文字描述或明细资料，以及对未能在会计报表中列示的重要项目的进一步说明，《事业单位会计制度》要求，会计报表附注至少应当披露下列内容：

(1) 遵循《事业单位会计准则》、《事业单位会计制度》的声明；
(2) 单位整体财务状况、业务活动情况的说明；
(3) 会计报表中列示的重要项目的进一步说明，包括其主要构成、增减变动情况等；
(4) 重要资产处置情况的说明；
(5) 重大投资、借款活动的说明；
(6) 以名义金额计量的资产名称、数量等情况，以及以名义金额计量的理由的说明；
(7) 以前年度结转、结余调整情况的说明；
(8) 有助于理解和分析会计报表需要说明的其他事项。

（三）财务情况说明书

财务情况说明书是对事业单位财务状况、事业成果的变动情况及原因所做的文字阐述。在完成了会计报表的编制工作后，财务人员需要撰写财务情况说明书，对事业单位年度预算执行情况进行分析，揭示重大影响的事项，总结经验与教训，进行绩效考核与评价，为下期会计工作奠定良好的基础。

根据《事业单位财务规则》的规定，财务情况说明书主要说明事业单位收入及支出、结转、结余及其分配、资产负债变动、对外投资、资产出租出借、资产处置、固定资产投资、绩效考评的情况，对本期或者下期财务状况发生重大影响的事项，以及需要说明的其他事项。

（四）会计报表的编制期

按编报的期间划分，事业单位的财务报告分为年度财务报告和中期财务报告。以短于一个完整的会计年度的期间（如季度和月度）编制的财务报告成为中期财务报告。年度财务报告是以整个会计年度的会计事项为基础编制的财务报告。事业单位各会计报表的名称、编号、编制期见表8-1。

表 8-1 会计报表编制期

编号	财务报表名称	编制期
会事业 01 表	资产负债表	月度、年度
会事业 02 表	收入支出表	月度、年度
会事业 03 表	财政补助收入支出表	年度
	附注	年度

三、会计报表的审核与汇总

事业单位会计报表按编报层次分类,包括本级报表和汇总报表。主管事业单位除需要编制本级单位会计报表外,还应当根据本级会计报表和经过审查过的所属单位会计报表,编制汇总会计报表,以反映事业单位的总体情况。

(一) 会计报表的审核

事业单位编制汇总会计报表前,需要对所属单位上报的会计报表进行审核。会计报表审核包括政策性审核和技术型审核两项内容。政策性审核的重点是审查所属单位的各项经济业务活动是否符合国家有关的法律、法规和财务制度的规定。技术性审核是利用会计技术手段审查所属单位会计核算的正确性,如所属单位的会计报表存在问题,应当及时进行调整。

(二) 会计报表的汇总

对所属单位会计报表进行审核后,事业单位还需要编制汇总会计报表,以全面反映事业单位的总体情况。需要汇总编制的会计报表主要包括资产负债表、汇总收入支出表和汇总财政补助收入支出表等。在编制汇总会计报表时,对于绝大多数的报表项目,可以直接将本级单位会计报表的数字与所述下级单位会计报表的数字相加,填列到汇总会计报表的相应项目中。但需要注意的是,上、下级单位之间发生的转拨款项、补助款项、上缴款项、债权债务等应当予以冲销,不填列在汇总会计报表中,以避免重复列报。

(三) 部门决算报表

事业单位在完成了对所属单位报表的审核、汇总后,即可编制部门决算报表,反映行政单位年度预算的最终执行结果。事业单位决算是指事业单位根据预算执行结果编制的年度报告。事业单位应根据财政部统一下发的报表格式、编制说明及软件操作要求,认真编制会计决算报表。事业单位的部门决算报表由许多相互联系的报表组成,主要包括收入支出决算总表、收入决算表、支出决算表、基本支出决算明细表、项目支出决算明细表等。

四、财务报告的编制要求

《事业单位会计制度》规定,事业单位的财务报表应当按照月度和年度编制。事业单位不得违反会计制度规定,随意改变财务报表的编制基础、编制依据、编制原则和方法,不得随意改变本制度规定的财务报表有关数据的会计口径。事业单位财务报表应当根据登记完整、核对无误的账簿记录和其他有关资料编制,做到数字真实、计算准确、内容完整、报送及时。事业单位财务报表应当由单位负责人和主管会计工作的负责人、会计机构负责人(会计主管人员)签名并盖章。

第二节 资产负债表

一、资产负债表概述

(一) 资产负债表的含义

资产负债表是反映事业单位某一特定日期财务状况的报表,反映事业单位在某一特定日期的全部资产、负债和净资产的情况。

资产负债表是会计报表的重要组成部分,可以提供反映会计期末事业单位占有或使用的资源、承担的债务和形成的净资产情况的会计信息。事业单位应当定期编制资产负债表,披露事业单位在会计期末的财务状况。

(二) 资产负债表的内容

事业单位的资产负债表由表首标题和报表主体构成。报表主体部分包括编报项目、栏目以及金额。

1. 表首标题

资产负债表的表首标题包括报表名称、编号(会事业01表)、编制单位、编表时间和金额单位等内容。资产负债表反映事业单位在某一时点的财务状况,属于静态报表,需要注明是某年某月某日的报表。按编报的时间的不同,资产负债表分为月报资产负债表和年报资产负债表。

2. 编报项目

资产负债表的编报项目包括资产、负债和净资产三个会计要素,按资产(左侧)和负债与净资产(右侧)排列,按资产等于负债加净资产平衡。资产项目按其流动性分别流动资产、非流动资产排列;负债项目按其流动性分别流动负债、非流动负债排列;净资产项目分别基金净资产、结转(余)净资产排列。

3. 栏目及金额

资产负债表包括"期末余额"和"年初余额"两栏数字。"期末余额"栏的数额根据本期各账户的期末余额直接填列,或经过分析、计算后填列;"年初余额"栏的数额根据上年年末资产负债表"期末余额"栏内的数字填列。

二、资产负债表的编制

资产负债表的"年初余额"栏内各项数字,应当根据上年年末资产负债表"期末余额"栏内数字填列。如果本年度资产负债表规定的各个项目的名称和内容同上年度不相一致,应当对上年年末资产负债表规定的各个项目的名称和数字按照本年度的规定进行调整,填入资产负债表的"年初余额"栏内。

(一)资产类项目"期末余额"的内容和填列方法

资产类项目反映事业单位占用或者使用的资产情况,一般根据会计账簿中资产类账户的期末借方余额直接填列、合并填列、分析填列。

(1)"货币资金"项目,反映事业单位期末库存现金、银行存款和零余额账户用款额度的合计数。本项目应当根据"库存现金"、"银行存款"、"零余额账户用款额度"科目的期末余额合计填列。

(2)"短期投资"项目,反映事业单位期末持有的短期投资成本。本项目应当根据"短期投资"科目的期末余额填列。

(3)"财政应返还额度"项目,反映事业单位期末财政应返还额度的金额。本项目应当根据"财政应返还额度"科目的期末余额填列。

(4)"应收票据"项目,反映事业单位期末持有的应收票据的票面金额。本项目应当根据"应收票据"科目的期末余额填列。

(5)"应收账款"项目,反映事业单位期末尚未收回的应收账款余额。本项目应当根据"应收账款"科目的期末余额填列。

(6)"预付账款"项目,反映事业单位预付给商品或者劳务供应单位的款项。本项目应当根据"预付账款"科目的期末余额填列。

(7)"其他应收款"项目,反映事业单位期末尚未收回的其他应收款余额。本项目应当根据"其他应收款"科目的期末余额填列。

(8)"存货"项目,反映事业单位期末为开展业务活动及其他活动耗用而储备的各种材料、燃料、包装物、低值易耗品及达不到固定资产标准的用具、装具、动植物等的实际成本。本项目应当根据"存货"科目的期末余额填列。

(9)"其他流动资产"项目,反映事业单位除上述各项之外的其他流动资产,如将在1年内(含1年)到期的长期债券投资。本项目应当根据"长期投资"等科目的期末余额分析填列。

(10)"长期投资"项目,反映事业单位持有时间超过1年(不含1年)的股权和债权性质的投资。本项目应当根据"长期投资"科目期末余额减去其中将于1年内(含1年)到期的长期债券投资余额后的金额填列。

(11)"固定资产"项目,反映事业单位期末各项固定资产的账面价值。本项目应当根据"固定资产"科目的期末余额减去"累计折旧"科目期末余额后的金额填列。

"累计折旧"项目,反映事业单位期末各项固定资产的累计折旧。本项目应当根据"累计折旧"科目的期末余额填列。

(12)"在建工程"项目,反映事业单位期末尚未完工交付使用的在建工程发生的实际成本。本项目应当根据"在建工程"科目的期末余额填列。

(13)"无形资产"项目,反映事业单位期末持有的各项无形资产的账面价值,本项目应当根据"无形资产"科目期末余额减去"累计摊销"科目期末余额后的金额填列。

"无形资产原价"项目,反映事业单位期末各项无形资产的原价。本项目应当根据"无形资产"科目的期末余额填列。

"累计摊销"项目,反映事业单位期末各项无形资产的累计摊销。本项目应当根据"累计摊销"科目的期末余额填列。

(14)"待处置资产损溢"项目,反映事业单位期末待处置资产的价值及处置损溢。本项目应当根据"待处置资产损溢"科目的期末借方余额填列。如"待处置资产损溢"科目期末贷方余额,则以"－"号填列。

(15)"非流动资产合计"项目,按照"长期投资"、"固定资产"、"在建工程"、"无形资产"、"待处置资产损溢"项目金额的合计数填列。

(二)负债类项目"期末余额"的内容和填列方法

负债类项目反映事业单位承担债务的情况,一般根据会计账簿中负债账户的期末贷方余额直接填列,或分析债务的偿还期后填列。

(1)"短期借款"项目,反映事业单位借入的期限在1年内(含1年)的各种借款。本项目应当根据"短期借款"科目的期末余额填列。

(2)"应缴税费"项目,反映事业单位应交未交的各种税费。本项目应当根据"应缴税费"科目的期末贷方余额填列。如"应缴税费"科目期末为借方余额,则以"－"号填列。

(3)"应缴国库款"项目,反映事业单位按规定应缴入国库的款项(应缴税费除外)。本项目应当根据"应缴国库款"科目的期末余额填列。

(4)"应缴财政专户款"项目,反映事业单位按规定应缴入财政专户的款项。本项目应当根据"应缴财政专户款"科目的期末余额填列。

(5)"应付职工薪酬"项目,反映事业单位按照有关规定应付给职工及为职工支付的各种薪酬。本项目应当根据"应付职工薪酬"科目的期末余额填列。

(6)"应付票据"项目,反映事业单位期末应付票据的金额。本项目应当根据"应付票据"科目的期末余额填列。

(7)"应付账款"项目,反映事业单位期末尚未支付的应付账款的金额。本项目应当根据"应付账款"科目的期末余额填列。

（8）"预收账款"项目，反映事业单位期末按合同规定预收但尚未实际结算的款项。本项目应当根据"预收账款"科目的期末余额填列。

（9）"其他应付款"项目，反映事业单位期末应付未付的其他各项应付及暂收款项。本项目应当根据"其他应付款"项目的期末余额填列。

（10）"其他流动负债"项目，反映事业单位除上述各项之外的其他流动负债，如承担的将于1年内（含1年）偿还的长期负债。本项目应当根据"长期借款"、"长期应付款"等科目的期末余额分析填列。

（11）"长期借款"项目，仅映事业单位借入的期限超过1年（不含1年）的各项借款本金。本项目应当根据"长期借款"科目的期末余额减去其中将于1年内（含1年）到期的长期借款余额后的金额填列。

（12）"长期应付款"项目，反映事业单位发生的偿还期限超过1年（不含1年）的各种应付款项。本项目应当根据"长期应付款"科目的期末余额减去其中将于1年内（含1年）到期的长期应付款余额后的金额填列。

（三）净资产类项目"期末余额"的内容和填列方法

净资产类项目反映事业单位净资产金额的情况，一般根据会计账簿中净资产账户的期末贷方余额直接填列。

（1）"事业基金"项目，反映事业单位期末拥有的非限定用途的净资产。本项目应当根据"事业基金"科目的期末余额填列。

（2）"非流动资产基金"项目，反映事业单位期末非流动资产占有的金额。本项目应当根据"非流动资产基金"科目的期末余额填列。

（3）"专用基金"项目，反映事业单位按规定设置或提取的具有专门用途的净资产。本项目应当根据"专用基金"科目的期末余额填列。

（4）"财政补助结转"项目，反映事业单位滚存的财政补助结转资金。本项目应当根据"财政补助结转"科目的期末余额填列。

（5）"财政补助结余"项目，反映事业单位滚存的财政补助项目支出结余资金。本项目应当根据"财政补助结余"科目的期末余额填列。

（6）"非财政补助结转"项目，反映事业单位滚存的非财政补助专项结转资金。本项目应当根据"非财政补助结转"科目的期末余额填列。

（7）"非财政补助结余"项目，反映事业单位自年初至报告期末累计实现的非财政补助结余弥补以前年度经营亏损后的余额。本项目应当根据"事业结转"、"经营结余"科目的期末余额合计填列；如"事业结余"、"经营结余"科目的期末余额合计为亏损数，则以"－"号填列；在编制年度资产负债表时，本项目金额一般为0；若不为0，本项目金额应为"经营结余"科目的期末借方余额（以"－"号填列）。

"事业结余"项目,反映事业单位自年初至报告期末累计实现的事业结余。本项目应当根据"事业结余"科目的期末余额填列;如"事业结余"科目的期末余额为亏损数,则以"-"号填列。在编制年度资产负债表时,本项目金额应为0。

"经营结余"项目,反映事业单位自年初至报告期末累计实现的经营结余弥补以前年度经营亏损后的余额。本项目应当根据"经营结余"科目的期末余额填列;如"经营结余"科目的期末余额为亏损数,则以"-"号填列。在编制年度资产负债表时,本项目金额一般应为0;若不为0,本项目金额应为"经营结余"科目的期末借方余额(以"-"号填列)。

【例8-1】某事业单位2013年12月31日结账后各资产、负债和净资产类会计科目见8-2表所示。据此编制该事业单位的资产负债表。

表8-2 会计科目余额表

2013年12月31日　　　　　　　　　　　　　　　单位:元

资产	借方余额	负债和净资产	贷方余额
库存现金	3 500	短期借款	120 000
银行存款	161 500	应缴税费	0
零余额账户用款额度	0	应缴国库款	0
短期投资	22 500	应缴财政专户款	0
财政应返还额度	36 000	应付职工薪酬	0
应收票据	12 000	应付票据	0
应收账款	40 000	应付账款	8 000
预付账款	13 000	预收账款	1 000
其他应收款	4 500	其他应付款	2 000
存货	331 000	长期借款	320 000
长期投资	161 000	长期应付款	0
固定资产	1 957 500	事业基金	100 000
累计折旧	-507 500	非流动资产基金	1 909 000
在建工程	86 000	专用基金	60 000
无形资产	266 000	财政补助结转	28 000
累计摊销	-53 000	财政补助结余	12 000
待处置资产损溢	51 000	非财政拨款结转	25 000
		非财政补助结余	0
		事业结余	0
		经营结余	0
合计	2 585 000	合计	2 585 000

12月31日编制的资产负债表为年末资产负债表时,"年初余额"栏内各项数字,应当根据上年年末资产负债表"期末余额"栏内数字填列。"期末余额"栏内各项数字根据各账户的期末余额直接填列、合并填列或分析填列。主要项目的填列说明如下:

(1) 货币资金项目

货币资金的数额为库存现金、银行存款和零余额账户用款额度的合计数。

货币资金 = 3 500 + 161 500 + 0 = 165 000(元)

(2) 长期投资项目

经过分析,长期投资中,将在1年内到期的长期债券投资为40 000元,应列入其他流动资产项目。

长期投资 = 161 000 - 40 000 = 121 000(元)

其他流动资产 = 40 000(元)

(3) 固定资产、无形资产项目

固定资产、无形资产按扣除累计折旧、累计摊销的数额填列。

固定资产 = 1 957 500 - 507 500 = 1 450 000(元)

无形资产 = 266 000 - 53 000 = 213 000(元)

(4) 长期借款项目

长期借款中,将于1年内(含1年)偿还的借款为85 000元,应列入其他流动负债项目。

长期借款 = 320 000 - 85 000 = 235 000(元)

其他流动负债 = 85 000(元)

(5) 其他项目

其他各项目均可根据各账户的期末余额直接填列。资产总计、负债合计、净资产合计等项目的数额按其内容汇总后填列。编制完成的年度资产负债表见表8-3。

表8-3 资产负债表 会事业01表

编制单位:××× 　　　　2013年12月31日 　　　　单位:元

资产	期末余额	年初余额	负债和净资产	期末余额	年初余额
流动资产:			流动负债:		
货币资金	165 000	142 000	短期借款	120 000	100 000
短期投资	22 500	19 500	应缴税费	0	0
财政应返还额度	36 000	21 000	应缴国库款	0	0
应收票据	12 000	10 000	应缴财政专户款	0	0
应收账款	40 000	60 000	应付职工薪酬	0	0
预付账款	13 000	6 000	应付票据	0	1000

续表

资产	期末余额	年初余额	负债和净资产	期末余额	年初余额
其他应收款	4 500	3 000	应付账款	8000	5000
存货	331 000	323 500	预收账款	1000	0
其他流动资产	40 000	0	其他应付款	2000	3000
流动资产合计	664 000	585 000	其他流动负债	85 000	0
非流动资产：			流动负债合计	216 000	109 000
长期投资	121 000	100 000	非流动负债：		
固定资产	1 450 000	1 120 000	长期借款	235 000	270 000
固定资产原价	1 957 500	1 512 000	长期应付款	0	0
减：累计折旧	507 500	392 000	非流动负债合计	235 000	270 000
在建工程	86 000	150 000	负债合计	451 000	379 000
无形资产	213 000	230 000	净资产：		
无形资产原价	266 000	287 500	事业基金	100 000	80 000
减：累计摊销	53 000	57 500	非流动资产基金	1 909 000	1 600 000
待处置资产损溢	51 000	0	专用基金	60 000	50 000
非流动资产合计	1 921 000	1 600 000	财政补助结转	28 000	42 000
			财政补助结余	12 000	18 000
			非财政拨款结转	25 000	16 000
			非财政补助结余	0	0
			1. 事业结余	0	0
			2. 经营结余	0	0
			净资产合计	2 134 000	1 806 000
资产总计	2 585 000	2 185 000	负债和净资产总计	2 585 000	2 185 000

第三节　收入支出表

收入支出表是反映事业单位运营情况的报表。本节依据《事业单位会计制度》，阐述收入支出表的含义、内容，讲解收入支出表的编制方法。

一、收入支出表概述

（一）收入支出表的含义

收入支出表是反映事业单位在一定会计期间的事业成果及其分配情况的会计报表，反映事业单位在某一会计期间内各项收入、支出和结转结余情况，以及年末非财政补助结余的分配情况。

收入支出表是事业单位会计报表的重要组成部分，可以提供一定时期事业单位收入总额及构成情况、支出总额及构成情况，以及各项结转（余）的数额及其分配内容的会计信息。事业单位应当定期编制收入支出表，披露事业单位在一定会计期间的业务活动成果。

（二）收入支出表的内容

事业单位的收入支出表由表首标题和报表主体构成。报表主体部分包括编报项目、栏目及金额。

1. 表首标题

收入支出表的表首标题包括报表名称、编号（会事业02表）、编制单位、编表时间和金额单位等内容。由于收入支出表反映事业单位在某一时期的事业成果，属于动态报表，因此需要注明报表所属的期间，如××××年××月、××××年度。按编报时间的不同，收入支出表分为月报收入支出表和年报收入支出表。

2. 编报项目

收入支出表应当按照收入、支出的构成和非财政补助结余分配情况分项列示，按本期财政补助结转结余、本期事业结转结余、本期经营结余、本年非财政补助结转结余等项目分层次排列。

3. 栏目及金额

月报的收入支出表由"本月数"和"本年累计数"两栏组成，年报的收入支出表由"上年数"和"本年数"两栏组成。收入支出表的各栏数额，应当根据相关收支账户的"本月合计数"和"本年累计数"的发生额填列，或经过计算、分析后填列。

二、收入支出表的编制

收入支出表"本月数"栏反映各项目的本月实际发生数。在编制年度收入支出表时，应当将本栏改为"上年数"栏，反映上年度各项目的实际发生数；如果本年度收入支出表规定的各个项目的名称和内容同上年度不一致，应对上年度收入支出表各项目的名称和数字按照本年度的规定进行调整，填入本年度收入支出表的"上年数"栏。收入支出表"本年累计数"栏反映各项目自年初起至报告期期末止的累计实际发生数。编制年度收入支出表时，应当将本栏改为"本年数"。收入支出表"本月数"栏各项目的内容和填列方法如下。

（一）本期财政补助结转结余

（1）"本期财政补助结转结余"项目，反映事业单位本期财政补助收入与财政补助支出相抵后的余额。本项目应当按照本表中"财政补助收入"项目金额减去"事业支出（财政补助支出）"项目金额后的余额填列。

（2）"财政补助收入"项目，反映事业单位本期从同级财政部门取得的各类财政拨款。本项目应当根据"财政补助收入"科目的本期发生额填列。

（3）"事业支出（财政补助支出）"项目，反映事业单位本期使用财政补助发生的各项事业支出。本项目应当根据"事业支出——财政补助支出"科目的本期发生额填列，或者根据"事业支出——基本支出（财政补助支出）"、"事业支出——项目支出（财政补助支出）"科目的本期发生额合计填列。

（二）本期事业结转结余

（1）"本期事业结转结余"项目，反映事业单位本期除财政补助收支、经营收支以外的各项收支相抵后的余额。本项目应当按照本表中"事业类收入"项目金额减去"事业类支出"项目金额后的余额填列；如为负数，以"－"号填列。

（2）"事业类收入"项目，反映事业单位本期事业收入、上级补助收入、附属单位上缴收入、其他收入的合计数。本项目应当按照本表中"事业类收入"、"上级补助收入"、"附属单位上缴收入"、"其他收入"项目金额的合计数填列。

"事业收入"项目，反映事业单位开展专业业务活动及其辅助活动区的收入。本项目应当根据"事业收入"科目的本期发生额填列。

"上级补助收入"项目，反映事业单位从主管部门和上级单位取得的非财政补助收入。本项目应当根据"上级补助收入"科目的本期发生额填列。

"附属单位上缴收入"项目，反映事业单位附属独立核算单位按照有关规定上缴的收入。本项目应当根据"附属单位上缴收入"科目的本期发生额填列。

"其他收入"项目，反映事业单位除财政补助收入、事业收入、上级补助收入、附属单位上缴收入、经营收入以外的其他收入。本项目应当根据"其他收入"科目的本期发生额填列。

"捐赠收入"项目，反映事业单位接收现金、存货取得的收入。本项目应当根据"其他收入"科目所属相关明细科目的本期发生额填列。

（3）"事业类支出"项目，反映事业单位本期事业支出（非财政补助支出）、上缴上级支出、对附属单位补助支出、其他支出的合计数。本项目应当按照本表中"事业支出（非财政补助支出）"、"上缴上级支出"、"对附属单位补助支出"、"其他支出"项目金额的合计数填列。

"事业支出（非财政补助支出）"项目，反映事业单位使用财政补助以外的资金发生的各项事业支出。本项目应当根据"事业支出——非财政专项资金支出"、"事业支出——其他资金支出"科目的本期发生额合计填列，或者根据"事业支出——基本支出（其他资金支出）"、"事业支出——项目支出（非财政专项资金支出、其他资金支出）"科目的本期发生额合计填列，或者根据"事业支出——基本支出（其他资金支出）"、"事业支出——项目支出（非财政专项资金支出、其他资金支出）"科目的本期发生额合计填列。

"上缴上级支出"项目，反映事业单位按照财政部门和主管部门的规定上缴上级单位的支出。本项目应当根据"上缴上级支出"科目的本期发生额填列。

"对附属单位补助支出"项目，反映事业单位用财政补助收入之外的收入对附属单位补助发生的支出。本项目应当根据"对附属单位补助支出"科目的本期发生额填列。

（三）本期经营结余

（1）"本期经营结余"项目，反映事业单位本期经营收支相抵后的余额。本项目应当按照本表中"经营收入"项目金额减去"经营支出"项目金额后的余额填列；如为负数，以"－"号填列。

（2）"经营收入"项目，反映事业单位在专业业务活动及其辅助活动之外开展非独立核算经营活动取得的收入。本项目应当根据"经营收入"科目的本期发生额填列。

（3）"经营支出"项目，反映事业单位在专业业务活动及其辅助活动之外开展非独立核算经营活动发生的支出。本项目应当根据"经营支出"科目的本期发生额填列。

（四）弥补以前年度亏损后的经营结余

编制月度收入支出表时不设置此项目，本项目只有在编制年度收入支出表时才填列。

"弥补以前年度亏损后的经营结余"项目，反映事业单位本年度实现的经营结余扣除本年年初未弥补经营亏损后的余额。本项目应当根据"经营结余"科目年末转入"非财政补助结余分配"科目前的月度填列；如该年末余额为借方余额，以"－"号填列。

（五）本年非财政补助结转结余

编制月度收入支出表时不设置此项目，本项目只有在编制年度收入支出表时才填列。

（1）"本年非财政补助结转结余"项目，反映事业单位本年除财政补助结转结余金额之外的结转结余金额。如本表中"弥补以前年度亏损后的经营结余"项目为正数，本项目应当按照本表中"本期事业结转结余"、"弥补以前年度亏损后的经营结余"项目金额的合计数填列；如为负数，以"－"号填列。如本表中"弥补以前年度亏损后的经营结余"项目为负数，本项目应当按照本表中"本期事业结转结余"项目金额填列；如为负数，以"－"号填列。

（2）"非财政补助结转"项目，反映事业单位本年除财政补助收支外的各专项资金收入减去各专项资金支出后的余额。本项目应当根据"非财政补助结转"科目本年贷方发生额中专项资金收入金额合计数减去本年借方发生额中专项资金支出转入金额合计数后的余额填列。

（六）本年非财政补助结余

编制月度收入支出表时不设置此项目，本项目只有在编制年度收入支出表时才填列。

（1）"本年非财政补助结余"项目，反映事业单位本年除财政补助之外的其他结余金额。本项目应当按照本表中"本年非财政补助结转结余"项目金额减去"非财政补助结转"项目金额后的金额填列；如为负数，以"－"号填列。

（2）"应缴企业所得税"项目，反映事业单位按照税法规定应缴纳的企业所得税金额。本项目应当根据"非财政补助结余分配"科目的本年发生额分析填列。

（3）"提取专用基金"项目，反映事业单位本年按规定提取的专用基金金额。本项目应当根据"非财政补助结余分配"科目的本年发生额分析填列。

（七）转入事业基金

编制月度收入支出表时不设置此项目，本项目只有在编制年度收入支出表时才填列。

"转入事业基金"项目，反映事业单位本年按规定转入事业基金的非财政补助结余资金。本项目应当按照本表中"本年非财政补助结余"项目金额减去"应缴企业所得税"、"提取专用基金"项目金额后的余额填列；如为负数，以"－"号填列。

【例8-2】某事业单位2013年收入、支出类科目发生额见表8-4。其他相关资料如下：

（1）该事业单位"非财政补助结转"科目本年贷方发生额中专项资金收入转入金额合计数为319 000元，本年借方发生额中专项资金支出转入金额合计数为293 000元。

（2）该事业单位无所得税缴纳义务，按财务制度的规定以30%的比例从本年非财政补助结余中提取职工福利基金，其余数额转入事业基金。

表8-4 收入、支出类科目发生额表

2013年　　　　　　　　　　　　　　　　单位：元

支出类	本年累计数	收入类	本年累计数
事业支出	15 000 000	财政补助收入	10 000 000
其中：财政补助支出——基本支出	8 020 000	其中：基本支出	8 500 000
——项目支出	1 380 000	项目支出	1 500 000
非财政专项资金支出	280 000	上级补助收入	1 824 000
其他资金支出	5 320 000	事业收入	6 180 000
对附属单位补助支出	1 512 000	附属单位上缴收入	300 000
上缴上级支出	972 000	经营收入	252 000
经营支出	156 000	其他收入	144 000
其他支出	60 000	其中：捐赠收入	75 000
其中：非财政专项资金支出	13 000		
其他资金支出	47 000		
支出合计	17 700 000	收入合计	18 700 000

编制该事业单位的2013年收入支出表时，省略了"上年数"一列数字。"本年数"一列数字主要项目的填列说明如下：

(1) 本期财政补助结转结余。

本期财政补助结转结余 = 10 000 000 – (8 020 000 + 1 380 000) = 600 000（元）

(2) 本期事业结转结余

本期事业类收入 = 6 180 000 + 1 824 000 + 300 000 + 144 000 = 8 448 000（元）

本期事业类支出 = 5 600 000 + 972 000 + 1 512 000 + 60 000 = 8 144 000（元）

本期事业结转结余 = 8 448 000 – 8 144 000 = 304 000（元）

(3) 本期经营结余。

本期经营结余 = 252 000 – 156 000 = 96 000（元）

(4) 弥补以前年度亏损后的经营结余。

该事业单位前期经营活动无亏损，不需要弥补亏损。

弥补以前年度亏损后的经营结余 = 96 000 元

(5) 本年非财政补助结转结余。

本年非财政补助结转结余 = 304 000 + 96 000 = 400 000（元）

非财政补助结转 = 319 000 – 293 000 = 26 000（元）

(6) 本年非财政补助结余。

本年非财政补助结余 = 400 000 – 26 000 = 374 000（元）

应缴企业所得税 = 0

提取专用基金 = 374 000 × 30% = 112 200（元）

(7) 转入事业基金。

转入事业基金 = 374 000 – 112 200 = 261 800（元）

编制事业完成事业单位2013年度收入支出表见表8–5。

表8–5 收入支出表 会事业02表

编制单位：××××　　　　　2013年度　　　　　　　单位：元

项目	本月数（略）	本年累计数
一、本期财政补助结转结余		600 000
财政补助收入		10 000 000
减：事业支出（财政补助支出）		9 400 000
二、本期事业结转结余		304 000
（一）事业类收入		8 448 000
1. 事业收入		6 180 000
2. 上级补助收入		1 824 000

续表

项目	本月数（略）	本年累计数
3. 附属单位上缴收入		300 000
4. 其他收入		144 000
其中：捐赠收入		75 000
减：（二）事业类收入		8 144 000
1. 事业支出（非财政补助支出）		5 600 000
2. 上缴上级支出		972 000
3. 对附属单位补助支出		1 512 000
4. 其他支出		60 000
三、本期经营结余		96 000
经营收入		252 000
减：经营支出		156 000
四、弥补以前年度亏损后的经营结余		96 000
五、本年非财政补助结转结余		400 000
减：非财政补助结转		26 000
六、本年非财政补助结余		374 000
减：应缴企业所得税		0
减：提取专用基金		112 200
七、转入事业基金		261 800

第四节　财政补助收入支出表

财政补助收入支出表是反映事业单位财政补助资金运用情况的报表。本节依据《事业单位会计制度》，阐述财政补助收入支出表的含义、内容，讲解财政补助收入支出表的编制方法。

一、财政补助收入支出表概述

（一）财政补助收入支出表的含义

财政补助收入支出表指反映事业单位在一定会计期间财政补助收入、支出、结转及结余情况的会计报表。事业单位有一定数额的资金来源于财政拨款,这部分资金的取得和使用应当符合部门预算管理的要求。事业单位应定期编制财政补助收入支出表,向财政部门报告财政补助收入、支出和结转(余)的明细情况。

(二)财政补助收入支出表的内容

事业单位的财政补助收入支出表由表首标题和报表主体构成。报表主体部分包括编报项目、栏目及金额。

1. 表首标题

财政补助收入支出表的表首标题包括报表名称、编号(会事业03表)、编制单位、编表时间和金额单位等内容。财政补助收入支出表按年编制,月末不需要编报,报表中应需要注明报表所属的年份,如××××年度。

2. 编报项目

财政补助收入支出表包括"年初财政补助结转结余"、"调整年初财政补助结转结余"、"本年归集调入财政补助结转结余"、"本年上缴财政补助结转结余"、"本年财政补助收入"、"本年财政补助支出"、"年末财政补助结转结余"等项目,每项内容分别"基本支出结转"、"项目支出结转"和"项目支出结余"排列。

3. 栏目及金额

财政补助收入支出表由"本年数"和"上年数"两栏组成,"本年数"一栏数据根据相应账户或报表的数额填列。"上年数"一栏数据根据上年报表的"本年数"栏内数额填列。

二、财政补助收入支出表的编制

财政补助收入支出表"上年数"栏内各项数字,应当根据上年度财政补助收入支出表"本年数"栏内数字填列。"本年数"栏非项目的内容和填列方法如下。

(一)年初财政补助结转结余

"年初财政补助结转结余"项目及其所属各明细项目,反映事业单位本年初财政补助结转和结余余额。各项目应当根据上年度财政补助收入支出表中"年末财政补助结转结余"项目及其所属各明细项目"本年数"栏的数字填列。

(二)调整年初财政补助结转结余

"调整年初财政补助结转结余"项目及其所属各明细项目,反映事业单位因本年发生需要调整以前年度财政补助结转结余的事项,而对年初财政结转结余的调整金额。各项目应当根据"财政补助结转"、"财政补助结余"科目及其所属明细科目的本年发生额分析填列。如调整减少年初财政补助结转结余,以"-"号填列。

(三)本年归集调入财政补助结转结余

"本年归集调入财政补助结转结余"项目及其所属各明细项目,反映事业单位本年度取得主管部门归集调入的财政补助结转结余资金或额度金额。各项目应当根据"财政补助结转"、"财政补助结余"科目及其所属明细科目的本年发生额分析填列。

(四) 本年上缴财政补助结转结余

"本年上缴财政补助结转结余"项目及其所属各明细项目，反映事业单位本年度按规定实际上缴的财政补助结转结余资金或额度金额。各项目应当根据"财政补助结转"、"财政补助结余"科目及其所属明细科目的本年发生额分析填列。

(五) 本年财政补助收入

"本年财政补助收入"项目及其所属各明细项目，反映事业单位本年度从同级财政部门取得的各类财政拨款金额。各项目应当根据"财政补助收入"科目及其所属明细科目的本年发生额填列。

(六) 本年财政补助支出

"本年财政补助支出"项目及其所属各明细项目，反映事业单位本年度发生的财政补助支出金额。各项目应当根据"事业支出"科目所属明细科目本年发生额中的财政补助支出数填列。

(七) 年末财政补助结转结余

"年末财政补助结转结余"项目及其所属各明细项目，反映事业单位截止本年末的财政补助结转和结余余额。各项目应当根据"财政补助结转"、"财政补助结余"科目及其所属明细科目的年末余额填列。

第五节 附注

一、附注概述

附注是指对在会计报表中列示项目的文字描述或明细资料，以及对未能在会计报表中列示项目的说明等。

二、附注披露内容

会计报表附注是会计报表的重要组成部分，是对会计报表本身无法或难以充分表达的内容和项目所作的补充说明和详细解释。

附注至少应当包括下列内容：

(一) 遵循事业单位会计准则、事业单位会计制度（行业事业单位会计制度）的声明

事业单位应当声明编制的财务报表符合事业单位会计准则的要求，真实、完整地反

映事业单位的财务状况、收入支出以及财政补助收入支出等有关信息，以此明确事业单位编制财务报表所依据的制度基础。

（二）会计报表中列示的重要项目的进一步说明，包括其主要构成、增减变动情况等

对于财务报表中重要项目应就其主要构成做出进一步说明，若会计期间出现项目的增减变动，均应在会计报表中附注中进行披露。事业单位应当以文字和数字描述相结合，尽可能以列表形式披露重要报表项目的构成或当期增减变动情况，并且报表重要项目的明细金额合计应当与报表项目金额相衔接。在披露顺序上，一般应当按资产负债表、收入支出表、财政补助收入支出表的顺序及其报表项目列示的顺序。

（三）有助于理解和分析会计报表需要说明的其他事项

说明事业单位的一般情况：事业单位概括及结构等内容；事业单位的会计政策，包括事业单位的会计制度、会计期间、记账原则、计价基础等内容；对于会计政策的变更，应说明其变更的情况、原因及对事业单位财务状况的影响。

第六节　新旧会计制度财务会计报告的变化

一、编制 2013 年 1 月 1 日期初资产负债表

事业单位应当根据新账各会计科目期初余额，按照新制度编制 2013 年 1 月 1 日期初资产负债表。

二、事业单位 2013 年度财务报表的编制

事业单位应当按照新制度规定编制 2013 年的月度、年度财务报表。在编制 2013 年度收入支出表、财政补助收入支出表时，不要求填列上年比较数。

附录：

事业单位会计制度

第一部分　总说明

一、为了规范事业单位的会计核算，保证会计信息质量，根据《中华人民共和国会计法》、《事业单位会计准则》和《事业单位财务规则》，制定本制度。

二、本制度适用于各级各类事业单位，下列事业单位除外：

（一）按规定执行《医院会计制度》等行业事业单位会计制度的事业单位；

（二）纳入企业财务管理体系执行企业会计准则或小企业会计准则的事业单位。

参照公务员法管理的事业单位对本制度的适用，由财政部另行规定。

三、事业单位对基本建设投资的会计核算在执行本制度的同时，还应当按照国家有关基本建设会计核算的规定单独建账、单独核算。

四、事业单位会计核算一般采用收付实现制，但部分经济业务或者事项的核算应当按照本制度的规定采用权责发生制。

五、事业单位应当按照《事业单位财务规则》或相关财务制度的规定确定是否对固定资产计提折旧、对无形资产进行摊销。

对固定资产计提折旧、对无形资产进行摊销的，按照本制度规定处理。

不对固定资产计提折旧、不对无形资产进行摊销的，不设置本制度规定的"累计折旧"、"累计摊销"科目，在进行账务处理时不考虑本制度其他科目说明中涉及的"累计折旧"、"累计摊销"科目。

六、事业单位会计要素包括资产、负债、净资产、收入和支出。

七、事业单位应当按照下列规定运用会计科目：

（一）事业单位应当按照本制度的规定设置和使用会计科目。

在不影响会计处理和编报财务报表的前提下，可以根据实际情况自行增设、减少或合并某些明细科目。

（二）本制度统一规定会计科目的编号，以便于填制会计凭证、登记账簿、查阅账目，实行会计信息化管理。事业单位不得打乱重编。

（三）事业单位在填制会计凭证、登记会计账簿时，应当填列会计科目的名称，或者同时填列会计科目的名称和编号,不得只填列科目编号、不填列科目名称。

八、事业单位应当按照下列规定编报财务报表:

(一)事业单位的财务报表由会计报表及其附注构成。会计报表包括资产负债表、收入支出表和财政补助收入支出表。

(二)事业单位的财务报表应当按照月度和年度编制。

(三)事业单位应当根据本制度规定编制并对外提供真实、完整的财务报表。事业单位不得违反本制度规定,随意改变财务报表的编制基础、编制依据、编制原则和方法,不得随意改变本制度规定的财务报表有关数据的会计口径。

(四)事业单位财务报表应当根据登记完整、核对无误的账簿记录和其他有关资料编制,做到数字真实、计算准确、内容完整、报送及时。

(五)事业单位财务报表应当由单位负责人和主管会计工作的负责人、会计机构负责人(会计主管人员)签名并盖章。

九、事业单位会计机构设置、会计人员配备、会计基础工作、会计档案管理、内部控制等,按照《中华人民共和国会计法》、《会计基础工作规范》、《会计档案管理办法》、《行政事业单位内部控制规范(试行)》等规定执行。开展会计信息化工作的事业单位,还应按照财政部制定的相关会计信息化工作规范执行。

十、本制度自2013年1月1日起施行。1997年7月17日财政部印发的《事业单位会计制度》(财预字〔1997〕288号)同时废止。

第二部分 会计科目名称和编号

序号	科目编号	会计科目名称
一、资产类		
1	1001	库存现金
2	1002	银行存款
3	1011	零余额账户用款额度
4	1101	短期投资
5	1201 120101 120102	财政应返还额度 　　财政直接支付 　　财政授权支付
6	1211	应收票据
7	1212	应收账款
8	1213	预付账款
9	1215	其他应收款

续表

序号	科目编号	会计科目名称
10	1301	存货
11	1401	长期投资
12	1501	固定资产
13	1502	累计折旧
14	1511	在建工程
15	1601	无形资产
16	1602	累计摊销
17	1701	待处理财产损溢
二、负债类		
18	2001	应缴财政款
19	2101	应缴税费
20	2102	应缴国库款
21	2103	应缴财政专户款
22	2201	应付职工薪酬
23	2301	应付票据
24	2302	应付账款
25	2303	预付账款
26	2305	其他应付款
27	2401	长期借款
28	2402	长期应付款
三、净资产类		
29	3001	事业基金
30	3101	非流动资产基金
	310101	长期投资
	310102	固定资产
	310103	在建工程
	310104	无形资产
31	3201	专用基金
32	3301	财政补助结转
	330101	基本支出结转
	330102	项目支出结转

续表

序号	科目编号	会计科目名称
33	3302	财政补助结余
34	3401	非财政补助结转
35	3402	事业结余
36	3403	经营结余
37	3404	非财政补助结余分配
四、收入类		
38	4001	财政补助收入
39	4101	事业收入
40	4201	上级补助收入
41	4301	附属单位上缴收入
42	4401	经营收入
43	4501	其他收入
五、支出类		
44	5001	事业支出
45	5101	上缴上级支出
46	5201	对附属单位补助支出
47	5301	经营支出
48	5401	其他支出

第三部分 会计科目使用说明

一、资产类

1001 库存现金

一、本科目核算事业单位的库存现金。

二、事业单位应当严格按照国家有关现金管理的规定收支现金，并按照本制度规定核算现金的各项收支业务。

三、库存现金的主要账务处理如下：

（一）从银行等金融机构提取现金，按照实际提取的金额，借记本科目，贷记"银行存款"等科目；将现金存入银行等金融机构，按照实际存入的金额，借记"银行存款"等科目，贷记本科目。

（二）因内部职工出差等原因借出的现金，按照实际借出的现金金额，借记"其他应收款"科目，贷记本科目；出差人员报销差旅费时，按照应报销的金额，借记有关科目，按照实际借出的现金金额,贷记"其他应收款"科目,按其差额,借记或贷记本科目。

(三)因开展业务等其他事项收到现金,按照实际收到的金额,借记本科目,贷记有关科目;因购买服务或商品等其他事项支出现金,按照实际支出的金额,借记有关科目,贷记本科目。

四、事业单位应当设置"现金日记账",由出纳人员根据收付款凭证,按照业务发生顺序逐笔登记。每日终了,应当计算当日的现金收入合计数、现金支出合计数和结余数,并将结余数与实际库存数核对,做到账款相符。

每日账款核对中发现现金溢余或短缺的,应当及时进行处理。

如发现现金溢余,属于应支付给有关人员或单位的部分,借记本科目,贷记"其他应付款"科目;属于无法查明原因的部分,借记本科目,贷记"其他收入"科目。如发现现金短缺,属于应由责任人赔偿的部分,借记"其他应收款"科目,贷记本科目;属于无法查明原因的部分,报经批准后,借记"其他支出"科目,贷记本科目。

现金收入业务较多、单独设有收款部门的事业单位,收款部门的收款员应当将每天所收现金连同收款凭据等一并交财务部门核收记账;或者将每天所收现金直接送存开户银行后,将收款凭据及向银行送存现金的凭证等一并交财务部门核收记账。

五、事业单位有外币现金的,应当分别按照人民币、各种外币设置"现金日记账"进行明细核算。有关外币现金业务的账务处理参见"银行存款"科目的相关规定。

六、本科目期末借方余额,反映事业单位实际持有的库存现金。

1002 银行存款

一、本科目核算事业单位存入银行或其他金融机构的各种存款。

二、事业单位应当严格按照国家有关支付结算办法的规定办理银行存款收支业务,并按照本制度规定核算银行存款的各项收支业务。

三、银行存款的主要账务处理如下:

(一)将款项存入银行或其他金融机构,借记本科目,贷记"库存现金"、"事业收入"、"经营收入"等有关科目。

(二)提取和支出存款时,借记有关科目,贷记本科目。

四、事业单位发生外币业务的,应当按照业务发生当日(或当期期初,下同)的即期汇率,将外币金额折算为人民币记账,并登记外币金额和汇率。

期末,各种外币账户的外币余额应当按照期末的即期汇率折算为人民币,作为外币账户期末人民币余额。调整后的各种外币账户人民币余额与原账面人民币余额的差额,作为汇兑损益计入相关支出。

(一)以外币购买物资、劳务等,按照购入当日的即期汇率将支付的外币或应支付的外币折算为人民币金额,借记有关科目,贷记本科目、"应付账款"等科目的外币账户。

(二)以外币收取相关款项等,按照收取款项或收入确认当日的即期汇率将收取的外币或应收取的外币折算为人民币金额,借记本科目、"应收账款"等科目的外币账户,贷记有关科目。

(三)期末,根据各外币账户按期末汇率调整后的人民币余额与原账面人民币余额的差额,作为汇兑损益,借记或贷记本科目、"应收账款"、"应付账款"等科目,贷记或借记"事业支出"、"经营支出"等科目。

五、事业单位应当按开户银行或其他金融机构、存款种类及币种等,分别设置"银行存款日记账",由出纳人员根据收付款凭证,按照业务的发生顺序逐笔登记,每日终了应结出余额。"银行存款日记账"应定期与"银行对账单"核对,至少每月核对一次。月度终了,事业单位银行存款账面余额与银行对账单余额之间如有差额,必须逐笔查明原因并进行处理,按月编制"银行存款余额调节表",调节相符。

六、本科目期末借方余额,反映事业单位实际存放在银行或其他金融机构的款项。

1011 零余额账户用款额度

一、本科目核算实行国库集中支付的事业单位根据财政部门批复的用款计划收到和支用的零余额账户用款额度。

二、零余额账户用款额度的主要账务处理如下:

(一)在财政授权支付方式下,收到代理银行盖章的"授权支付到账通知书"时,根据通知书所列数额,借记本科目,贷记"财政补助收入"科目。

(二)按规定支用额度时,借记有关科目,贷记本科目。

(三)从零余额账户提取现金时,借记"库存现金"科目,贷记本科目。

(四)因购货退回等发生国库授权支付额度退回的,属于以前年度支付的款项,按照退回金额,借记本科目,贷记"财政补助结转"、"财政补助结余"、"存货"等有关科目;属于本年度支付的款项,按照退回金额,借记本科目,贷记"事业支出"、"存货"等有关科目。

(五)年度终了,依据代理银行提供的对账单作注销额度的相关账务处理,借记"财政应返还额度——财政授权支付"科目,贷记本科目。事业单位本年度财政授权支付预算指标数大于零余额账户用款额度下达数的,根据未下达的用款额度,借记"财政应返还额度——财政授权支付"科目,贷记"财政补助收入"科目。

下年初,事业单位依据代理银行提供的额度恢复到账通知书作恢复额度的相关账务处理,借记本科目,贷记"财政应返还额度——财政授权支付"科目。事业单位收到财政部门批复的上年末未下达零余额账户用款额度的,借记本科目,贷记"财政应返还额度——财政授权支付"科目。

三、本科目期末借方余额,反映事业单位尚未支用的零余额账户用款额度。本科目年末应无余额。

1101 短期投资

一、本科目核算事业单位依法取得的,持有时间不超过 1 年(含 1 年)的投资,主要是国债投资。

二、事业单位应当严格遵守国家法律、行政法规以及财政部门、主管部门关于对外投资的有关规定。

三、本科目应当按照国债投资的种类等进行明细核算。

四、短期投资的主要账务处理如下:

(一)短期投资在取得时,应当按照其实际成本(包括购买价款以及税金、手续费等相关税费)作为投资成本,借记本科目,贷记"银行存款"等科目。

(二)短期投资持有期间收到利息时,按实际收到的金额,借记"银行存款"科目,贷记"其他收入——投资收益"科目。

(三)出售短期投资或到期收回短期国债本息,按照实际收到的金额,借记"银行存款"科目,按照出售或收回短期国债的成本,贷记本科目,按其差额,贷记或借记"其他收入——投资收益"科目。

五、本科目期末借方余额,反映事业单位持有的短期投资成本。

1201 财政应返还额度

一、本科目核算实行国库集中支付的事业单位应收财政返还的资金额度。

二、本科目应当设置"财政直接支付"、"财政授权支付"两个明细科目,进行明细核算。

三、财政应返还额度的主要账务处理如下:

(一)财政直接支付

年度终了,事业单位根据本年度财政直接支付预算指标数与当年财政直接支付实际支出数的差额,借记本科目(财政直接支付),贷记"财政补助收入"科目。

下年度恢复财政直接支付额度后,事业单位以财政直接支付方式发生实际支出时,借记有关科目,贷记本科目(财政直接支付)。

(二)财政授权支付

年度终了,事业单位依据代理银行提供的对账单作注销额度的相关账务处理,借记本科目(财政授权支付),贷记"零余额账户用款额度"科目。事业单位本年度财政授权支付预算指标数大于零余额账户用款额度下达数的,根据未下达的用款额度,借记本科目(财政授权支付),贷记"财政补助收入"科目。

下年初,事业单位依据代理银行提供的额度恢复到账通知书作恢复额度的相关账务处理,借记"零余额账户用款额度"科目,贷记本科目(财政授权支付)。事业单位收到财政部门批复的上年末未下达零余额账户用款额度时,借记"零余额账户用款额度"科目,贷记本科目(财政授权支付)。

四、本科目期末借方余额，反映事业单位应收财政返还的资金额度。

1211 应收票据

一、本科目核算事业单位因开展经营活动销售产品、提供有偿服务等而收到的商业汇票，包括银行承兑汇票和商业承兑汇票。

二、本科目应当按照开出、承兑商业汇票的单位等进行明细核算。

三、应收票据的主要账务处理如下：

（一）因销售产品、提供服务等收到商业汇票，按照商业汇票的票面金额，借记本科目，按照确认的收入金额，贷记"经营收入"等科目，按照应缴增值税金额，贷记"应缴税费——应缴增值税"科目。

（二）持未到期的商业汇票向银行贴现，按照实际收到的金额（即扣除贴现息后的净额），借记"银行存款"科目，按照贴现息，借记"经营支出"等科目，按照商业汇票的票面金额，贷记本科目。

（三）将持有的商业汇票背书转让以取得所需物资时，按照取得物资的成本，借记有关科目，按照商业汇票的票面金额，贷记本科目，如有差额，借记或贷记"银行存款"等科目。

（四）商业汇票到期时，应当分别以下情况处理：

1. 收回应收票据，按照实际收到的商业汇票票面金额，借记"银行存款"科目，贷记本科目。

2. 因付款人无力支付票款，收到银行退回的商业承兑汇票、委托收款凭证、未付票款通知书或拒付款证明等，按照商业汇票的票面金额，借记"应收账款"科目，贷记本科目。

四、事业单位应当设置"应收票据备查簿"，逐笔登记每一应收票据的种类、号数、出票日期、到期日、票面金额、交易合同号和付款人、承兑人、背书人姓名或单位名称、背书转让日、贴现日期、贴现率和贴现净额、收款日期、收回金额和退票情况等资料。应收票据到期结清票款或退票后，应当在备查簿内逐笔注销。

五、本科目期末借方余额，反映事业单位持有的商业汇票票面金额。

1212 应收账款

一、本科目核算事业单位因开展经营活动销售产品、提供有偿服务等而应收取的款项。

二、本科目应当按照购货、接受劳务单位（或个人）进行明细核算。

三、应收账款的主要账务处理如下：

（一）发生应收账款时，按照应收未收金额，借记本科目，按照确认的收入金额，贷记"经营收入"等科目，按照应缴增值税金额，贷记"应缴税费——应缴增值税"科目。

（二）收回应收账款时，按照实际收到的金额，借记"银行存款"等科目，贷记本科目。

四、逾期三年或以上、有确凿证据表明确实无法收回的应收账款，按规定报经批准后予以核销。核销的应收账款应在备查簿中保留登记。

（一）转入待处置资产时，按照待核销的应收账款金额，借记"待处置资产损溢"科目，贷记本科目。

（二）报经批准予以核销时，借记"其他支出"科目，贷记"待处置资产损溢"科目。

（三）已核销应收账款在以后期间收回的，按照实际收回的金额，借记"银行存款"等科目，贷记"其他收入"科目。

五、本科目期末借方余额，反映事业单位尚未收回的应收账款。

1213 预付账款

一、本科目核算事业单位按照购货、劳务合同规定预付给供应单位的款项。

二、本科目应当按照供应单位（或个人）进行明细核算。

事业单位应当通过明细核算或辅助登记方式，登记预付账款的资金性质（区分财政补助资金、非财政专项资金和其他资金）。

三、预付账款的主要账务处理如下：

（一）发生预付账款时，按照实际预付的金额，借记本科目，贷记"零余额账户用款额度"、"财政补助收入"、"银行存款"等科目。

（二）收到所购物资或劳务，按照购入物资或劳务的成本，借记有关科目，按照相应预付账款金额，贷记本科目，按照补付的款项，贷记"零余额账户用款额度"、"财政补助收入"、"银行存款"等科目。

收到所购固定资产、无形资产的，按照确定的资产成本，借记"固定资产"、"无形资产"科目，贷记"非流动资产基金——固定资产、无形资产"科目；同时，按资产购置支出，借记"事业支出"、"经营支出"等科目，按照相应预付账款金额，贷记本科目，按照补付的款项，贷记"零余额账户用款额度"、"财政补助收入"、"银行存款"等科目。

四、逾期三年或以上、有确凿证据表明因供货单位破产、撤销等原因已无望再收到所购物资，且确实无法收回的预付账款，按规定报经批准后予以核销。核销的预付账款应在备查簿中保留登记。

（一）转入待处置资产时，按照待核销的预付账款金额，借记"待处置资产损溢"科目，贷记本科目。

（二）报经批准予以核销时，借记"其他支出"科目，贷记"待处置资产损溢"科目。

（三）已核销预付账款在以后期间收回的，按照实际收回的金额，借记"银行存款"

等科目,贷记"其他收入"科目。

五、本科目期末借方余额,反映事业单位实际预付但尚未结算的款项。

1215 其他应收款

一、本科目核算事业单位除财政应返还额度、应收票据、应收账款、预付账款以外的其他各项应收及暂付款项,如职工预借的差旅费、拨付给内部有关部门的备用金、应向职工收取的各种垫付款项等。

二、本科目应当按照其他应收款的类别以及债务单位(或个人)进行明细核算。

三、其他应收款的主要账务处理如下:

(一)发生其他各种应收及暂付款项时,借记本科目,贷记"银行存款"、"库存现金"等科目。

(二)收回或转销其他各种应收及暂付款项时,借记"库存现金"、"银行存款"等科目,贷记本科目。

(三)事业单位内部实行备用金制度的,有关部门使用备用金以后应当及时到财务部门报销并补足备用金。财务部门核定并发放备用金时,借记本科目,贷记"库存现金"等科目。根据报销数用现金补足备用金定额时,借记有关科目,贷记"库存现金"等科目,报销数和拨补数都不再通过本科目核算。

四、逾期三年或以上、有确凿证据表明确实无法收回的其他应收款,按规定报经批准后予以核销。核销的其他应收款应在备查簿中保留登记。

(一)转入待处置资产时,按照待核销的其他应收款金额,借记"待处置资产损溢"科目,贷记本科目。

(二)报经批准予以核销时,借记"其他支出"科目,贷记"待处置资产损溢"科目。

(三)已核销其他应收款在以后期间收回的,按照实际收回的金额,借记"银行存款"等科目,贷记"其他收入"科目。

五、本科目期末借方余额,反映事业单位尚未收回的其他应收款。

1301 存货

一、本科目核算事业单位在开展业务活动及其他活动中为耗用而储存的各种材料、燃料、包装物、低值易耗品及达不到固定资产标准的用具、装具、动植物等的实际成本。

事业单位随买随用的零星办公用品,可以在购进时直接列作支出,不通过本科目核算。

二、本科目应当按照存货的种类、规格、保管地点等进行明细核算。

事业单位应当通过明细核算或辅助登记方式,登记取得存货成本的资金来源(区分财政补助资金、非财政专项资金和其他资金)。

发生自行加工存货业务的事业单位,应当在本科目下设置"生产成本"明细科目,归集核算自行加工存货所发生的实际成本（包括耗用的直接材料费用、发生的直接人工费用和分配的间接费用）。

三、存货的主要账务处理如下：

（一）存货在取得时，应当按照其实际成本入账。

1. 购入的存货，其成本包括购买价款、相关税费、运输费、装卸费、保险费以及其他使得存货达到目前场所和状态所发生的其他支出。事业单位按照税法规定属于增值税一般纳税人的，其购进非自用（如用于生产对外销售的产品）材料所支付的增值税款不计入材料成本。

购入的存货验收入库，按确定的成本，借记本科目，贷记"银行存款"、"应付账款"、"财政补助收入"、"零余额账户用款额度"等科目。

属于增值税一般纳税人的事业单位购入非自用材料的，按确定的成本（不含增值税进项税额），借记本科目，按增值税专用发票上注明的增值税额，借记"应缴税费——应缴增值税（进项税额）"科目，按实际支付或应付的金额，贷记"银行存款"、"应付账款"等科目。

2. 自行加工的存货，其成本包括耗用的直接材料费用、发生的直接人工费用和按照一定方法分配的与存货加工有关的间接费用。

自行加工的存货在加工过程中发生各种费用时，借记本科目（生产成本），贷记本科目（领用材料相关的明细科目）、"应付职工薪酬"、"银行存款"等科目。

加工完成的存货验收入库，按照所发生的实际成本，借记本科目（相关明细科目），贷记本科目（生产成本）。

3. 接受捐赠、无偿调入的存货，其成本按照有关凭据注明的金额加上相关税费、运输费等确定；没有相关凭据的，其成本比照同类或类似存货的市场价格加上相关税费、运输费等确定；没有相关凭据、同类或类似存货的市场价格也无法可靠取得的，该存货按照名义金额（即人民币1元，下同）入账。相关财务制度仅要求进行实物管理的除外。

接受捐赠、无偿调入的存货验收入库，按照确定的成本，借记本科目，按照发生的相关税费、运输费等，贷记"银行存款"等科目，按照其差额，贷记"其他收入"科目。

按照名义金额入账的情况下，按照名义金额，借记本科目，贷记"其他收入"科目；按照发生的相关税费、运输费等，借记"其他支出"科目，贷记"银行存款"等科目。

（二）存货在发出时，应当根据实际情况采用先进先出法、加权平均法或者个别计价法确定发出存货的实际成本。计价方法一经确定，不得随意变更。低值易耗品的成本于领用时一次摊销。

1. 开展业务活动等领用、发出存货，按领用、发出存货的实际成本，借记"事业支出"、"经营支出"等科目，贷记本科目。

2. 对外捐赠、无偿调出存货，转入待处置资产时，按照存货的账面余额，借记"待处置资产损溢"科目，贷记本科目。

属于增值税一般纳税人的事业单位对外捐赠、无偿调出购进的非自用材料，转入待处置资产时，按照存货的账面余额与相关增值税进项税额转出金额的合计金额，借记"待处置资产损溢"科目，按存货的账面余额，贷记本科目，按转出的增值税进项税额，贷记"应缴税费——应缴增值税（进项税额转出）"科目。

实际捐出、调出存货时，按照"待处置资产损溢"科目的相应余额，借记"其他支出"科目，贷记"待处置资产损溢"科目。

四、事业单位的存货应当定期进行清查盘点，每年至少盘点一次。对于发生的存货盘盈、盘亏或者报废、损毁，应当及时查明原因，按规定报经批准后进行账务处理。

（一）盘盈的存货，按照同类或类似存货的实际成本或市场价格确定入账价值；同类或类似存货的实际成本、市场价格均无法可靠取得的，按照名义金额入账。

盘盈的存货，按照确定的入账价值，借记本科目，贷记"其他收入"科目。

（二）盘亏或者损毁、报废的存货，转入待处置资产时，按照待处置存货的账面余额，借记"待处置资产损溢"科目，贷记本科目。

属于增值税一般纳税人的事业单位购进的非自用材料发生盘亏或者损毁、报废的，转入待处置资产时，按照存货的账面余额与相关增值税进项税额转出金额的合计金额，借记"待处置资产损溢"科目，按存货的账面余额，贷记本科目，按转出的增值税进项税额，贷记"应缴税费——应缴增值税（进项税额转出）"科目。

报经批准予以处置时，按照"待处置资产损溢"科目的相应余额，借记"其他支出"科目，贷记"待处置资产损溢"科目。

处置存货过程中所取得的收入、发生的费用，以及处置收入扣除相关处置费用后的净收入的账务处理，参见"待处置资产损溢"科目。

五、本科目期末借方余额，反映事业单位存货的实际成本。

1401　长期投资

一、本科目核算事业单位依法取得的，持有时间超过1年（不含1年）的股权和债权性质的投资。

二、事业单位应当严格遵守国家法律、行政法规以及财政部门、主管部门有关事业单位对外投资的规定。

三、本科目应当按照长期投资的种类和被投资单位等进行明细核算。

四、长期投资的主要账务处理如下：

（一）长期股权投资

1. 长期股权投资在取得时，应当按照其实际成本作为投资成本。

（1）以货币资金取得的长期股权投资，按照实际支付的全部价款（包括购买价款以及税金、手续费等相关税费）作为投资成本，借记本科目，贷记"银行存款"等科目；

同时，按照投资成本金额，借记"事业基金"科目，贷记"非流动资产基金——长期投资"科目。

（2）以固定资产取得的长期股权投资，按照评估价值加上相关税费作为投资成本，借记本科目，贷记"非流动资产基金——长期投资"科目，按发生的相关税费，借记"其他支出"科目，贷记"银行存款"、"应缴税费"等科目；同时，按照投出固定资产对应的非流动资产基金，借记"非流动资产基金——固定资产"科目，按照投出固定资产已计提折旧，借记"累计折旧"科目，按投出固定资产的账面余额，贷记"固定资产"科目。

（3）以已入账无形资产取得的长期股权投资，按照评估价值加上相关税费作为投资成本，借记本科目，贷记"非流动资产基金——长期投资"科目，按发生的相关税费，借记"其他支出"科目，贷记"银行存款"、"应缴税费"等科目；同时，按照投出无形资产对应的非流动资产基金，借记"非流动资产基金——无形资产"科目，按照投出无形资产已计提摊销，借记"累计摊销"科目，按照投出无形资产的账面余额，贷记"无形资产"科目。

以未入账无形资产取得的长期股权投资，按照评估价值加上相关税费作为投资成本，借记本科目，贷记"非流动资产基金——长期投资"科目，按发生的相关税费，借记"其他支出"科目，贷记"银行存款"、"应缴税费"等科目。

2. 长期股权投资持有期间，收到利润等投资收益时，按照实际收到的金额，借记"银行存款"等科目，贷记"其他收入——投资收益"科目。

3. 转让长期股权投资，转入待处置资产时，按照待转让长期股权投资的账面余额，借记"待处置资产损溢——处置资产价值"科目，贷记本科目。

实际转让时，按照所转让长期股权投资对应的非流动资产基金，借记"非流动资产基金——长期投资"科目，贷记"待处置资产损溢——处置资产价值"科目。

转让长期股权投资过程中取得价款、发生相关税费，以及转让价款扣除相关税费后的净收入的账务处理，参见"待处置资产损溢"科目。

4. 因被投资单位破产清算等原因，有确凿证据表明长期股权投资发生损失，按规定报经批准后予以核销。将待核销长期股权投资转入待处置资产时，按照待核销的长期股权投资账面余额，借记"待处置资产损溢"科目，贷记本科目。

报经批准予以核销时，借记"非流动资产基金——长期投资"科目，贷记"待处置资产损溢"科目。

（二）长期债券投资

1. 长期债券投资在取得时，应当按照其实际成本作为投资成本。

以货币资金购入的长期债券投资，按照实际支付的全部价款（包括购买价款以及税金、手续费等相关税费）作为投资成本，借记本科目，贷记"银行存款"等科目；同时，按照投资成本金额，借记"事业基金"科目，贷记"非流动资产基金——长期投资"科目。

2. 长期债券投资持有期间收到利息时，按照实际收到的金额，借记"银行存款"等科目，贷记"其他收入——投资收益"科目。

3. 对外转让或到期收回长期债券投资本息，按照实际收到的金额，借记"银行存款"等科目，按照收回长期投资的成本，贷记本科目，按照其差额，贷记或借记"其他收入——投资收益"科目；同时，按照收回长期投资对应的非流动资产基金，借记"非流动资产基金——长期投资"科目，贷记"事业基金"科目。

五、本科目期末借方余额，反映事业单位持有的长期投资成本。

1501 固定资产

一、本科目核算事业单位固定资产的原价。

固定资产是指事业单位持有的使用期限超过1年（不含1年）、单位价值在规定标准以上，并在使用过程中基本保持原有物质形态的资产。单位价值虽未达到规定标准，但使用期限超过1年（不含1年）的大批同类物资，作为固定资产核算和管理。

二、事业单位的固定资产一般分为六类：房屋及构筑物；专用设备；通用设备；文物和陈列品；图书、档案；家具、用具、装具及动植物。有关说明如下：

1. 对于应用软件，如果其构成相关硬件不可缺少的组成部分，应当将该软件价值包括在所属硬件价值中，一并作为固定资产进行核算；如果其不构成相关硬件不可缺少的组成部分，应当将该软件作为无形资产核算。

2. 事业单位以经营租赁租入的固定资产，不作为固定资产核算，应当另设备查簿进行登记。

3. 购入需要安装的固定资产，应当先通过"在建工程"科目核算，安装完毕交付使用时再转入本科目核算。

三、事业单位应当根据固定资产定义，结合本单位的具体情况，制定适合于本单位的固定资产目录、具体分类方法，作为进行固定资产核算的依据。

事业单位应当设置"固定资产登记簿"和"固定资产卡片"，按照固定资产类别、项目和使用部门等进行明细核算。出租、出借的固定资产，应当设置备查簿进行登记。

四、固定资产的主要账务处理如下：

（一）固定资产在取得时，应当按照其实际成本入账。

1. 购入的固定资产，其成本包括购买价款、相关税费以及固定资产交付使用前所发生的可归属于该项资产的运输费、装卸费、安装调试费和专业人员服务费等。

以一笔款项购入多项没有单独标价的固定资产，按照各项固定资产同类或类似资产市场价格的比例对总成本进行分配，分别确定各项固定资产的入账成本。

购入不需安装的固定资产，按照确定的固定资产成本，借记本科目，贷记"非流动资产基金——固定资产"科目；同时，按照实际支付金额，借记"事业支出"、"经营支出"、"专用基金——修购基金"等科目，贷记"财政补助收入"、"零余额账户用款额度"、"银行存款"等科目。

购入需要安装的固定资产，先通过"在建工程"科目核算。安装完工交付使用时，借记本科目，贷记"非流动资产基金——固定资产"科目；同时，借记"非流动资产基金——在建工程"科目，贷记"在建工程"科目。

购入固定资产扣留质量保证金的，应当在取得固定资产时，按照确定的成本，借记本科目［不需安装］或"在建工程"科目［需要安装］，贷记"非流动资产基金——固定资产、在建工程"科目。同时取得固定资产全款发票的，应当同时按照构成资产成本的全部支出金额，借记"事业支出"、"经营支出"、"专用基金——修购基金"等科目，按照实际支付金额，贷记"财政补助收入"、"零余额账户用款额度"、"银行存款"等科目，按照扣留的质量保证金，贷记"其他应付款"［扣留期在1年以内（含1年）］或"长期应付款"［扣留期超过1年］科目；取得的发票金额不包括质量保证金的，应当同时按照不包括质量保证金的支出金额，借记"事业支出"、"经营支出"、"专用基金——修购基金"等科目，贷记"财政补助收入"、"零余额账户用款额度"、"银行存款"等科目。质保期满支付质量保证金时，借记"其他应付款"、"长期应付款"科目，或借记"事业支出"、"经营支出"、"专用基金——修购基金"等科目，贷记"财政补助收入"、"零余额账户用款额度"、"银行存款"等科目。

2. 自行建造的固定资产，其成本包括建造该项资产至交付使用前所发生的全部必要支出。

工程完工交付使用时，按自行建造过程中发生的实际支出，借记本科目，贷记"非流动资产基金——固定资产"科目；同时，借记"非流动资产基金——在建工程"科目，贷记"在建工程"科目。已交付使用但尚未办理竣工决算手续的固定资产，按照估计价值入账，待确定实际成本后再进行调整。

3. 在原有固定资产基础上进行改建、扩建、修缮后的固定资产，其成本按照原固定资产账面价值（"固定资产"科目账面余额减去"累计折旧"科目账面余额后的净值）加上改建、扩建、修缮发生的支出，再扣除固定资产拆除部分的账面价值后的金额确定。

注：本制度所称账面价值，是指某会计科目的账面余额减去相关备抵科目（如"累计折旧"、"累计摊销"科目）账面余额后的净值。本制度所称账面余额，是指某会计科目的账面实际余额。

将固定资产转入改建、扩建、修缮时，按固定资产的账面价值，借记"在建工程"科目，贷记"非流动资产基金——在建工程"科目；同时，按固定资产对应的非流动资产基金，借记"非流动资产基金——固定资产"科目，按固定资产已计提折旧，借记"累计折旧"科目，按固定资产的账面余额，贷记本科目。

工程完工交付使用时，借记本科目，贷记"非流动资产基金——固定资产"科目；同时，借记"非流动资产基金——在建工程"科目，贷记"在建工程"科目。

4. 以融资租赁租入的固定资产，其成本按照租赁协议或者合同确定的租赁价款、相关税费以及固定资产交付使用前所发生的可归属于该项资产的运输费、途中保险费、安装调试费等确定。

融资租入的固定资产，按照确定的成本，借记本科目〔不需安装〕或"在建工程"科目〔需安装〕，按照租赁协议或者合同确定的租赁价款，贷记"长期应付款"科目，按照其差额，贷记"非流动资产基金——固定资产、在建工程"科目。同时，按照实际支付的相关税费、运输费、途中保险费、安装调试费等，借记"事业支出"、"经营支出"等科目，贷记"财政补助收入"、"零余额账户用款额度"、"银行存款"等科目。

定期支付租金时，按照支付的租金金额，借记"事业支出"、"经营支出"等科目，贷记"财政补助收入"、"零余额账户用款额度"、"银行存款"等科目；同时，借记"长期应付款"科目，贷记"非流动资产基金——固定资产"科目。

跨年度分期付款购入固定资产的账务处理，参照融资租入固定资产。

5. 接受捐赠、无偿调入的固定资产，其成本按照有关凭据注明的金额加上相关税费、运输费等确定；没有相关凭据的，其成本比照同类或类似固定资产的市场价格加上相关税费、运输费等确定；没有相关凭据、同类或类似固定资产的市场价格也无法可靠取得的，该固定资产按照名义金额入账。

接受捐赠、无偿调入的固定资产，按照确定的固定资产成本，借记本科目〔不需安装〕或"在建工程"科目〔需安装〕，贷记"非流动资产基金——固定资产、在建工程"科目；按照发生的相关税费、运输费等，借记"其他支出"科目，贷记"银行存款"等科目。

（二）按月计提固定资产折旧时，按照实际计提金额，借记"非流动资产基金——固定资产"科目，贷记"累计折旧"科目。

（三）与固定资产有关的后续支出，应分别以下情况处理：

1. 为增加固定资产使用效能或延长其使用年限而发生的改建、扩建或修缮等后续支出，应当计入固定资产成本，通过"在建工程"科目核算，完工交付使用时转入本科目。有关账务处理参见"在建工程"科目。

2. 为维护固定资产的正常使用而发生的日常修理等后续支出，应当计入当期支出但不计入固定资产成本，借记"事业支出"、"经营支出"等科目，贷记"财政补助收入"、"零余额账户用款额度"、"银行存款"等科目。

（四）报经批准出售、无偿调出、对外捐赠固定资产或以固定资产对外投资，应当分别以下情况处理：

1. 出售、无偿调出、对外捐赠固定资产，转入待处置资产时，按照待处置固定资产的账面价值，借记"待处置资产损溢"科目，按照已计提折旧，借记"累计折旧"科目，按照固定资产的账面余额，贷记本科目。

实际出售、调出、捐出时，按照处置固定资产对应的非流动资产基金，借记"非流动资产基金——固定资产"科目，贷记"待处置资产损溢"科目。

出售固定资产过程中取得价款、发生相关税费，以及出售价款扣除相关税费后的净收入的账务处理，参见"待处置资产损溢"科目。

2. 以固定资产对外投资，按照评估价值加上相关税费作为投资成本，借记"长期投资"科目，贷记"非流动资产基金——长期投资"科目，按发生的相关税费，借记"其他支出"科目，贷记"银行存款"、"应缴税费"等科目；同时，按照投出固定资产对应的非流动资产基金，借记"非流动资产基金——固定资产"科目，按照投出固定资产已计提折旧，借记"累计折旧"科目，按照投出固定资产的账面余额，贷记本科目。

五、事业单位的固定资产应当定期进行清查盘点，每年至少盘点一次。对于发生的固定资产盘盈、盘亏或者报废、损毁，应当及时查明原因，按规定报经批准后进行账务处理。

（一）盘盈的固定资产，按照同类或类似固定资产的市场价格确定入账价值；同类或类似固定资产的市场价格无法可靠取得的，按照名义金额入账。

盘盈的固定资产，按照确定的入账价值，借记本科目，贷记"非流动资产基金——固定资产"科目。

（二）盘亏或者损毁、报废的固定资产，转入待处置资产时，按照待处置固定资产的账面价值，借记"待处置资产损溢"科目，按照已计提折旧，借记"累计折旧"科目，按照固定资产的账面余额，贷记本科目。

报经批准予以处置时，按照处置固定资产对应的非流动资产基金，借记"非流动资产基金——固定资产"科目，贷记"待处置资产损溢"科目。

处置损毁、报废固定资产过程中所取得的收入、发生的相关费用，以及处置收入扣除相关费用后的净收入的账务处理，参见"待处置资产损溢"科目。

六、本科目期末借方余额，反映事业单位固定资产的原价。

1502　累计折旧

一、本科目核算事业单位固定资产计提的累计折旧。

二、本科目应当按照所对应固定资产的类别、项目等进行明细核算。

三、事业单位应当对除下列各项资产以外的其他固定资产计提折旧：

（一）文物和陈列品；

（二）动植物；

（三）图书、档案；

（四）以名义金额计量的固定资产。

四、折旧是指在固定资产使用寿命内，按照确定的方法对应折旧金额进行系统分摊。

有关说明如下：

（一）事业单位应当根据固定资产的性质和实际使用情况，合理确定其折旧年限。省级以上财政部门、主管部门对事业单位固定资产折旧年限作出规定的，从其规定。

（二）事业单位一般应当采用年限平均法或工作量法计提固定资产折旧。

（三）事业单位固定资产的应折旧金额为其成本，计提固定资产折旧不考虑预计净残值。

（四）事业单位一般应当按月计提固定资产折旧。当月增加的固定资产，当月不提折旧，从下月起计提折旧；当月减少的固定资产，当月照提折旧，从下月起不提折旧。

（五）固定资产提足折旧后，无论能否继续使用，均不再计提折旧；提前报废的固定资产，也不再补提折旧。已提足折旧的固定资产，可以继续使用的，应当继续使用，规范管理。

（六）计提融资租入固定资产折旧时，应当采用与自有固定资产相一致的折旧政策。能够合理确定租赁期届满时将会取得租入固定资产所有权的，应当在租入固定资产尚可使用年限内计提折旧；无法合理确定租赁期届满时能够取得租入固定资产所有权的，应当在租赁期与租入固定资产尚可使用年限两者中较短的期间内计提折旧。

（七）固定资产因改建、扩建或修缮等原因而延长其使用年限的，应当按照重新确定的固定资产的成本以及重新确定的折旧年限，重新计算折旧额。

五、累计折旧的主要账务处理如下：

（一）按月计提固定资产折旧时，按照应计提折旧金额，借记"非流动资产基金——固定资产"科目，贷记本科目。

（二）固定资产处置时，按照所处置固定资产的账面价值，借记"待处置资产损溢"科目，按照已计提折旧，借记本科目，按照固定资产的账面余额，贷记"固定资产"科目。

六、本科目期末贷方余额，反映事业单位计提的固定资产折旧累计数。

1511 在建工程

一、本科目核算事业单位已经发生必要支出，但尚未完工交付使用的各种建筑（包括新建、改建、扩建、修缮等）和设备安装工程的实际成本。

二、本科目应当按照工程性质和具体工程项目等进行明细核算。

三、事业单位的基本建设投资应当按照国家有关规定单独建账、单独核算，同时按照本制度的规定至少按月并入本科目及其他相关科目反映。

事业单位应当在本科目下设置"基建工程"明细科目，核算由基建账套并入的在建工程成本。有关基建并账的具体账务处理另行规定。

四、在建工程（非基本建设项目）的主要账务处理如下：

（一）建筑工程

1. 将固定资产转入改建、扩建或修缮等时，按照固定资产的账面价值，借记本科目，贷记"非流动资产基金——在建工程"科目；同时，按照固定资产对应的非流动资产基金，借记"非流动资产基金——固定资产"科目，按照已计提折旧，借记"累计折旧"科目，按照固定资产的账面余额，贷记"固定资产"科目。

2. 根据工程价款结算账单与施工企业结算工程价款时，按照实际支付的工程价款，借记本科目，贷记"非流动资产基金——在建工程"科目；同时，借记"事业支出"等科目，贷记"财政补助收入"、"零余额账户用款额度"、"银行存款"等科目。

3. 事业单位为建筑工程借入的专门借款的利息，属于建设期间发生的，计入在建工程成本，借记本科目，贷记"非流动资产基金——在建工程"科目；同时，借记"其他支出"科目，贷记"银行存款"科目。

4. 工程完工交付使用时，按照建筑工程所发生的实际成本，借记"固定资产"科目，贷记"非流动资产基金——固定资产"科目；同时，借记"非流动资产基金——在建工程"科目，贷记本科目。

（二）设备安装

1. 购入需要安装的设备，按照确定的成本，借记本科目，贷记"非流动资产基金——在建工程"科目；同时，按照实际支付金额，借记"事业支出"、"经营支出"等科目，贷记"财政补助收入"、"零余额账户用款额度"、"银行存款"等科目。

融资租入需要安装的设备，按照确定的成本，借记本科目，按照租赁协议或者合同确定的租赁价款，贷记"长期应付款"科目，按照其差额，贷记"非流动资产基金——在建工程"科目。同时，按照实际支付的相关税费、运输费、途中保险费等，借记"事业支出"、"经营支出"等科目，贷记"财政补助收入"、"零余额账户用款额度"、"银行存款"等科目。

2. 发生安装费用，借记本科目，贷记"非流动资产基金——在建工程"科目；同时，借记"事业支出"、"经营支出"等科目，贷记"财政补助收入"、"零余额账户用款额度"、"银行存款"等科目。

3. 设备安装完工交付使用时，借记"固定资产"科目，贷记"非流动资产基金——固定资产"科目；同时，借记"非流动资产基金——在建工程"科目，贷记本科目。

五、本科目期末借方余额，反映事业单位尚未完工的在建工程发生的实际成本。

1601 无形资产

一、本科目核算事业单位无形资产的原价。

无形资产是指事业单位持有的没有实物形态的可辨认非货币性资产，包括专利权、商标权、著作权、土地使用权、非专利技术等。

事业单位购入的不构成相关硬件不可缺少组成部分的应用软件，应当作为无形资产核算。

二、本科目应当按照无形资产的类别、项目等进行明细核算。

三、无形资产的主要账务处理如下：

（一）无形资产在取得时，应当按照其实际成本入账。

1. 外购的无形资产，其成本包括购买价款、相关税费以及可归属于该项资产达到预定用途所发生的其他支出。

购入的无形资产，按照确定的无形资产成本，借记本科目，贷记"非流动资产基金——无形资产"科目；同时，按照实际支付金额，借记"事业支出"等科目，贷记"财政补助收入"、"零余额账户用款额度"、"银行存款"等科目。

2. 委托软件公司开发软件视同外购无形资产进行处理。

支付软件开发费时，按照实际支付金额，借记"事业支出"等科目，贷记"财政补助收入"、"零余额账户用款额度"、"银行存款"等科目。软件开发完成交付使用时，按照软件开发费总额，借记本科目，贷记"非流动资产基金——无形资产"科目。

3. 自行开发并按法律程序申请取得的无形资产，按照依法取得时发生的注册费、聘请律师费等费用，借记本科目，贷记"非流动资产基金——无形资产"科目；同时，借记"事业支出"等科目，贷记"财政补助收入"、"零余额账户用款额度"、"银行存款"等科目。

依法取得前所发生的研究开发支出，应于发生时直接计入当期支出，借记"事业支出"等科目，贷记"银行存款"等科目。

4. 接受捐赠、无偿调入的无形资产，其成本按照有关凭据注明的金额加上相关税费等确定；没有相关凭据的，其成本比照同类或类似无形资产的市场价格加上相关税费等确定；没有相关凭据、同类或类似无形资产的市场价格也无法可靠取得的，该资产按照名义金额入账。

接受捐赠、无偿调入的无形资产，按照确定的无形资产成本，借记本科目，贷记"非流动资产基金——无形资产"科目；按照发生的相关税费等，借记"其他支出"科目，贷记"银行存款"等科目。

（二）按月计提无形资产摊销时，按照应计提摊销金额，借记"非流动资产基金——无形资产"科目，贷记"累计摊销"科目。

（三）与无形资产有关的后续支出，应分别以下情况处理：

1. 为增加无形资产的使用效能而发生的后续支出，如对软件进行升级改造或扩展其功能等所发生的支出，应当计入无形资产的成本，借记本科目，贷记"非流动资产基金——无形资产"科目；同时，借记"事业支出"等科目，贷记"财政补助收入"、"零余额账户用款额度"、"银行存款"等科目。

2. 为维护无形资产的正常使用而发生的后续支出，如对软件进行漏洞修补、技术维护等所发生的支出，应当计入当期支出但不计入无形资产成本，借记"事业支出"等科目，贷记"财政补助收入"、"零余额账户用款额度"、"银行存款"等科目。

(四)报经批准转让、无偿调出、对外捐赠无形资产或以无形资产对外投资,应当分别以下情况处理:

1. 转让、无偿调出、对外捐赠无形资产,转入待处置资产时,按照待处置无形资产的账面价值,借记"待处置资产损溢"科目,按照已计提摊销,借记"累计摊销"科目,按照无形资产的账面余额,贷记本科目。

实际转让、调出、捐出时,按照处置无形资产对应的非流动资产基金,借记"非流动资产基金——无形资产"科目,贷记"待处置资产损溢"科目。

转让无形资产过程中取得价款、发生相关税费,以及出售价款扣除相关税费后的净收入的账务处理,参见"待处置资产损溢"科目。

2. 以已入账无形资产对外投资,按照评估价值加上相关税费作为投资成本,借记"长期投资"科目,贷记"非流动资产基金——长期投资"科目,按发生的相关税费,借记"其他支出"科目,贷记"银行存款"、"应缴税费"等科目;同时,按照投出无形资产对应的非流动资产基金,借记"非流动资产基金——无形资产"科目,按照投出无形资产已计提摊销,借记"累计摊销"科目,按照投出无形资产的账面余额,贷记本科目。

(五)无形资产预期不能为事业单位带来服务潜力或经济利益的,应当按规定报经批准后将该无形资产的账面价值予以核销。

转入待处置资产时,按照待核销无形资产的账面价值,借记"待处置资产损溢"科目,按照已计提摊销,借记"累计摊销"科目,按照无形资产的账面余额,贷记本科目。

报经批准予以核销时,按照核销无形资产对应的非流动资产基金,借记"非流动资产基金——无形资产"科目,贷记"待处置资产损溢"科目。

四、本科目期末借方余额,反映事业单位无形资产的原价。

1602 累计摊销

一、本科目核算事业单位无形资产计提的累计摊销。

二、本科目应当按照对应无形资产的类别、项目等进行明细核算。

三、事业单位应当对无形资产进行摊销,以名义金额计量的无形资产除外。

摊销是指在无形资产使用寿命内,按照确定的方法对应摊销金额进行系统分摊。有关说明如下:

(一)事业单位应当按照如下原则确定无形资产的摊销年限:法律规定了有效年限的,按照法律规定的有效年限作为摊销年限;法律没有规定有效年限的,按照相关合同或单位申请书中的受益年限作为摊销年限;法律没有规定有效年限、相关合同或单位申请书也没有规定受益年限的,按照不少于10年的期限摊销。

(二)事业单位应当采用年限平均法对无形资产进行摊销。

(三)事业单位无形资产的应摊销金额为其成本。

(四)事业单位应当自无形资产取得当月起,按月计提无形资产摊销。

（五）因发生后续支出而增加无形资产成本的，应当按照重新确定的无形资产成本，重新计算摊销额。

四、累计摊销的主要账务处理如下：

（一）按月计提无形资产摊销时，按照应计提摊销金额，借记"非流动资产基金——无形资产"科目，贷记本科目。

（二）无形资产处置时，按照所处置无形资产的账面价值，借记"待处置资产损溢"科目，按照已计提摊销，借记本科目，按照无形资产的账面余额，贷记"无形资产"科目。

五、本科目期末贷方余额，反映事业单位计提的无形资产摊销累计数。

1701 待处置资产损溢

一、本科目核算事业单位待处置资产的价值及处置损溢。

事业单位资产处置包括资产的出售、出让、转让、对外捐赠、无偿调出、盘亏、报废、损毁以及货币性资产损失核销等。

二、本科目应当按照待处置资产项目进行明细核算；对于在处置过程中取得相关收入、发生相关费用的处置项目，还应设置"处置资产价值"、"处置净收入"明细科目，进行明细核算。

三、事业单位处置资产一般应当先记入本科目，按规定报经批准后及时进行账务处理。年度终了结账前一般应处理完毕。

四、待处置资产损溢的主要账务处理如下：

（一）按规定报经批准予以核销的应收及预付款项、长期股权投资、无形资产

1. 转入待处置资产时，借记本科目［核销无形资产的，还应借记"累计摊销"科目］，贷记"应收账款"、"预付账款"、"其他应收款"、"长期投资"、"无形资产"等科目。

2. 报经批准予以核销时，借记"其他支出"科目［应收及预付款项核销］或"非流动资产基金——长期投资、无形资产"科目［长期投资、无形资产核销］，贷记本科目。

（二）盘亏或者损毁、报废的存货、固定资产

1. 转入待处置资产时，借记本科目（处置资产价值）［处置固定资产的，还应借记"累计折旧"科目］，贷记"存货"、"固定资产"等科目。

2. 报经批准予以处置时，借记"其他支出"科目［处置存货］或"非流动资产基金——固定资产"科目［处置固定资产］，贷记本科目（处置资产价值）。

3. 处置损毁、报废存货、固定资产过程中收到残值变价收入、保险理赔和过失人赔偿等，借记"库存现金"、"银行存款"等科目，贷记本科目（处置净收入）。

4. 处置损毁、报废存货、固定资产过程中发生相关费用，借记本科目（处置净收入），贷记"库存现金"、"银行存款"等科目。

5. 处置完毕，按照处置收入扣除相关处置费用后的净收入，借记本科目（处置净收入），贷记"应缴国库款"等科目。

（三）对外捐赠、无偿调出存货、固定资产、无形资产

1. 转入待处置资产时，借记本科目［捐赠、调出固定资产、无形资产的，还应借记"累计折旧"、"累计摊销"科目］，贷记"存货"、"固定资产"、"无形资产"等科目。

2. 实际捐出、调出时，借记"其他支出"科目［捐出、调出存货］或"非流动资产基金——固定资产、无形资产"科目［捐出、调出固定资产、无形资产］，贷记本科目。

（四）转让（出售）长期股权投资、固定资产、无形资产

1. 转入待处置资产时，借记本科目（处置资产价值）［转让固定资产、无形资产的，还应借记"累计折旧"、"累计摊销"科目］，贷记"长期投资"、"固定资产"、"无形资产"等科目。

2. 实际转让时，借记"非流动资产基金——长期投资、固定资产、无形资产"科目，贷记本科目（处置资产价值）。

3. 转让过程中取得价款、发生相关税费，以及转让价款扣除相关税费后的净收入的账务处理，按照国家有关规定，比照本科目"四（二）"有关损毁、报废存货、固定资产进行处理。

五、本科目期末如为借方余额，反映尚未处置完毕的各种资产价值及净损失；期末如为贷方余额，反映尚未处置完毕的各种资产净溢余。年度终了报经批准处理后，本科目一般应无余额。

二、负债类

2001 短期借款

一、本科目核算事业单位借入的期限在1年内（含1年）的各种借款。

二、本科目应当按照贷款单位和贷款种类进行明细核算。

三、短期借款的主要账务处理如下：

（一）借入各种短期借款时，按照实际借入的金额，借记"银行存款"科目，贷记本科目。

（二）银行承兑汇票到期，本单位无力支付票款的，按照银行承兑汇票的票面金额，借记"应付票据"科目，贷记本科目。

（三）支付短期借款利息时，借记"其他支出"科目，贷记"银行存款"科目。

（四）归还短期借款时，借记本科目，贷记"银行存款"科目。

四、本科目期末贷方余额，反映事业单位尚未偿还的短期借款本金。

2101 应缴税费

一、本科目核算事业单位按照税法等规定计算应缴纳的各种税费，包括营业税、增值税、城市维护建设税、教育费附加、车船税、房产税、城镇土地使用税、企业所得

税等。

事业单位代扣代缴的个人所得税，也通过本科目核算。

事业单位应缴纳的印花税不需要预提应缴税费，直接通过支出等有关科目核算，不在本科目核算。

二、本科目应当按照应缴纳的税费种类进行明细核算。属于增值税一般纳税人的事业单位，其应缴增值税明细账中应设置"进项税额"、"已交税金"、"销项税额"、"进项税额转出"等专栏。

三、应缴税费的主要账务处理如下：

（一）发生营业税、城市维护建设税、教育费附加纳税义务的，按税法规定计算的应缴税费金额，借记"待处置资产损溢——处置净收入"科目［出售不动产应缴的税费］或有关支出科目，贷记本科目。实际缴纳时，借记本科目，贷记"银行存款"科目。

（二）属于增值税一般纳税人的事业单位购入非自用材料的，按确定的成本（不含增值税进项税额），借记"存货"科目，按增值税专用发票上注明的增值税额，借记本科目（应缴增值税——进项税额），按实际支付或应付的金额，贷记"银行存款"、"应付账款"等科目。

属于增值税一般纳税人的事业单位所购进的非自用材料发生盘亏、损毁、报废、对外捐赠、无偿调出等税法规定不得从增值税销项税额中抵扣进项税额的，将所购进的非自用材料转入待处置资产时，按照材料的账面余额与相关增值税进项税额转出金额的合计金额，借记"待处置资产损溢"科目，按材料的账面余额，贷记"存货"科目，按转出的增值税进项税额，贷记本科目（应缴增值税——进项税额转出）。

属于增值税一般纳税人的事业单位销售应税产品或提供应税服务，按包含增值税的价款总额，借记"银行存款"、"应收账款"、"应收票据"等科目，按扣除增值税销项税额后的价款金额，贷记"经营收入"等科目，按增值税专用发票上注明的增值税金额，贷记本科目（应缴增值税——销项税额）。

属于增值税一般纳税人的事业单位实际缴纳增值税时，借记本科目（应缴增值税——已交税金），贷记"银行存款"科目。

属于增值税小规模纳税人的事业单位销售应税产品或提供应税服务，按实际收到或应收的价款，借记"银行存款"、"应收账款"、"应收票据"等科目，按实际收到或应收价款扣除增值税额后的金额，贷记"经营收入"等科目，按应缴增值税金额，贷记本科目（应缴增值税）。实际缴纳增值税时，借记本科目（应缴增值税），贷记"银行存款"科目。

（三）发生房产税、城镇土地使用税、车船税纳税义务的，按税法规定计算的应缴税金数额，借记有关科目，贷记本科目。实际缴纳时，借记本科目，贷记"银行存款"科目。

（四）代扣代缴个人所得税的，按税法规定计算应代扣代缴的个人所得税金额，借记"应付职工薪酬"科目，贷记本科目。实际缴纳时，借记本科目，贷记"银行存款"科目。

（五）发生企业所得税纳税义务的，按税法规定计算的应缴税金数额，借记"非财政补助结余分配"科目，贷记本科目。实际缴纳时，借记本科目，贷记"银行存款"科目。

（六）发生其他纳税义务的，按照应缴纳的税费金额，借记有关科目，贷记本科目。实际缴纳时，借记本科目，贷记"银行存款"等科目。

四、本科目期末借方余额，反映事业单位多缴纳的税费金额；本科目期末贷方余额，反映事业单位应缴未缴的税费金额。

2102 应缴国库款

一、本科目核算事业单位按规定应缴入国库的款项（应缴税费除外）。

二、本科目应当按照应缴国库的各款项类别进行明细核算。

三、应缴国库款的主要账务处理如下：

（一）按规定计算确定或实际取得应缴国库的款项时，借记有关科目，贷记本科目。

（二）事业单位处置资产取得的应上缴国库的处置净收入的账务处理，参见"待处置资产损溢"科目。

（三）上缴款项时，借记本科目，贷记"银行存款"等科目。

四、本科目期末贷方余额，反映事业单位应缴入国库但尚未缴纳的款项。

2103 应缴财政专户款

一、本科目核算事业单位按规定应缴入财政专户的款项。

二、本科目应当按照应缴财政专户的各款项类别进行明细核算。

三、应缴财政专户款的主要账务处理如下：

（一）取得应缴财政专户的款项时，借记有关科目，贷记本科目。

（二）上缴款项时，借记本科目，贷记"银行存款"等科目。

四、本科目期末贷方余额，反映事业单位应缴入财政专户但尚未缴纳的款项。

2201 应付职工薪酬

一、本科目核算事业单位按有关规定应付给职工及为职工支付的各种薪酬。包括基本工资、绩效工资、国家统一规定的津贴补贴、社会保险费、住房公积金等。

二、本科目应当根据国家有关规定按照"工资（离退休费）"、"地方（部门）津贴补贴"、"其他个人收入"以及"社会保险费"、"住房公积金"等进行明细核算。

三、应付职工薪酬的主要账务处理如下：

（一）计算当期应付职工薪酬，借记"事业支出"、"经营支出"等科目，贷记本科目。

（二）向职工支付工资、津贴补贴等薪酬，借记本科目，贷记"财政补助收入"、"零余额账户用款额度"、"银行存款"等科目。

（三）按税法规定代扣代缴个人所得税，借记本科目，贷记"应缴税费——应缴个人所得税"科目。

（四）按照国家有关规定缴纳职工社会保险费和住房公积金，借记本科目，贷记"财政补助收入"、"零余额账户用款额度"、"银行存款"等科目。

（五）从应付职工薪酬中支付其他款项，借记本科目，贷记"财政补助收入"、"零余额账户用款额度"、"银行存款"等科目。

四、本科目期末贷方余额，反映事业单位应付未付的职工薪酬。

2301　应付票据

一、本科目核算事业单位因购买材料、物资等而开出、承兑的商业汇票，包括银行承兑汇票和商业承兑汇票。

二、本科目应当按照债权单位进行明细核算。

三、应付票据的主要账务处理如下：

（一）开出、承兑商业汇票时，借记"存货"等科目，贷记本科目。

以承兑商业汇票抵付应付账款时，借记"应付账款"科目，贷记本科目。

（二）支付银行承兑汇票的手续费时，借记"事业支出"、"经营支出"等科目，贷记"银行存款"等科目。

（三）商业汇票到期时，应当分别以下情况处理：

1. 收到银行支付到期票据的付款通知时，借记本科目，贷记"银行存款"科目。

2. 银行承兑汇票到期，本单位无力支付票款的，按照汇票票面金额，借记本科目，贷记"短期借款"科目。

3. 商业承兑汇票到期，本单位无力支付票款的，按照汇票票面金额，借记本科目，贷记"应付账款"科目。

四、事业单位应当设置"应付票据备查簿"，详细登记每一应付票据的种类、号数、出票日期、到期日、票面金额、交易合同号、收款人姓名或单位名称，以及付款日期和金额等资料。应付票据到期结清票款后，应当在备查簿内逐笔注销。

五、本科目期末贷方余额，反映事业单位开出、承兑的尚未到期的商业汇票票面金额。

2302　应付账款

一、本科目核算事业单位因购买材料、物资等而应付的款项。

二、本科目应当按照债权单位（或个人）进行明细核算。

三、应付账款的主要账务处理如下：

（一）购入材料、物资等已验收入库但货款尚未支付的，按照应付未付金额，借记"存货"等科目，贷记本科目。

（二）偿付应付账款时，按照实际支付的款项金额，借记本科目，贷记"银行存款"等科目。

（三）开出、承兑商业汇票抵付应付账款，借记本科目，贷记"应付票据"科目。

（四）无法偿付或债权人豁免偿还的应付账款，借记本科目，贷记"其他收入"科目。

四、本科目期末贷方余额，反映事业单位尚未支付的应付账款。

2303　预收账款

一、本科目核算事业单位按合同规定预收的款项。

二、本科目应当按照债权单位（或个人）进行明细核算。

三、预收账款的主要账务处理如下：

（一）从付款方预收款项时，按照实际预收的金额，借记"银行存款"等科目，贷记本科目。

（二）确认有关收入时，借记本科目，按照应确认的收入金额，贷记"经营收入"等科目，按照付款方补付或退回付款方的金额，借记或贷记"银行存款"等科目。

（三）无法偿付或债权人豁免偿还的预收账款，借记本科目，贷记"其他收入"科目。

四、本科目期末贷方余额，反映事业单位按合同规定预收但尚未实际结算的款项。

2305　其他应付款

一、本科目核算事业单位除应缴税费、应缴国库款、应缴财政专户款、应付职工薪酬、应付票据、应付账款、预收账款之外的其他各项偿还期限在1年内（含1年）的应付及暂收款项，如存入保证金等。

二、本科目应当按照其他应付款的类别以及债权单位（或个人）进行明细核算。

三、其他应付款的主要账务处理如下：

（一）发生其他各项应付及暂收款项时，借记"银行存款"等科目，贷记本科目。

（二）支付其他应付款项时，借记本科目，贷记"银行存款"等科目。

（三）无法偿付或债权人豁免偿还的其他应付款项，借记本科目，贷记"其他收入"科目。

四、本科目期末贷方余额，反映事业单位尚未支付的其他应付款。

2401　长期借款

一、本科目核算事业单位借入的期限超过1年（不含1年）的各种借款。

二、本科目应当按照贷款单位和贷款种类进行明细核算。对于基建项目借款，还应按具体项目进行明细核算。

三、长期借款的主要账务处理如下：

（一）借入各项长期借款时，按照实际借入的金额，借记"银行存款"科目，贷记本科目。

(二) 为购建固定资产支付的专门借款利息,分别以下情况处理:

1. 属于工程项目建设期间支付的,计入工程成本,按照支付的利息,借记"在建工程"科目,贷记"非流动资产基金——在建工程"科目;同时,借记"其他支出"科目,贷记"银行存款"科目。

2. 属于工程项目完工交付使用后支付的,计入当期支出但不计入工程成本,按照支付的利息,借记"其他支出"科目,贷记"银行存款"科目。

(三) 其他长期借款利息,按照支付的利息金额,借记"其他支出"科目,贷记"银行存款"科目。

(四) 归还长期借款时,借记本科目,贷记"银行存款"科目。

四、本科目期末贷方余额,反映事业单位尚未偿还的长期借款本金。

2402 长期应付款

一、本科目核算事业单位发生的偿还期限超过 1 年(不含 1 年)的应付款项,如以融资租赁租入固定资产的租赁费、跨年度分期付款购入固定资产的价款等。

二、本科目应当按照长期应付款的类别以及债权单位(或个人)进行明细核算。

三、长期应付款的主要账务处理如下:

(一) 发生长期应付款时,借记"固定资产"、"在建工程"等科目,贷记本科目、"非流动资产基金"等科目。

(二) 支付长期应付款时,借记"事业支出"、"经营支出"等科目,贷记"银行存款"等科目;同时,借记本科目,贷记"非流动资产基金"科目。

(三) 无法偿付或债权人豁免偿还的长期应付款,借记本科目,贷记"其他收入"科目。

四、本科目期末贷方余额,反映事业单位尚未支付的长期应付款。

三、净资产类

3001 事业基金

一、本科目核算事业单位拥有的非限定用途的净资产,主要为非财政补助结余扣除结余分配后滚存的金额。

二、事业基金的主要账务处理如下:

(一) 年末,将"非财政补助结余分配"科目余额转入事业基金,借记或贷记"非财政补助结余分配"科目,贷记或借记本科目。

(二) 年末,将留归本单位使用的非财政补助专项(项目已完成)剩余资金转入事业基金,借记"非财政补助结转——××项目"科目,贷记本科目。

(三) 以货币资金取得长期股权投资、长期债券投资,按照实际支付的全部价款(包括购买价款以及税金、手续费等相关税费)作为投资成本,借记"长期投资"科目,贷记"银行存款"等科目；同时，按照投资成本金额，借记本科目，贷记"非流动资产基金——长期投资"科目。

（四）对外转让或到期收回长期债券投资本息，按照实际收到的金额，借记"银行存款"等科目，按照收回长期投资的成本，贷记"长期投资"科目，按照其差额，贷记或借记"其他收入——投资收益"科目；同时，按照收回长期投资对应的非流动资产基金，借记"非流动资产基金——长期投资"科目，贷记本科目。

三、事业单位发生需要调整以前年度非财政补助结余的事项，通过本科目核算。国家另有规定的，从其规定。

四、本科目期末贷方余额，反映事业单位历年积存的非限定用途净资产的金额。

3101 非流动资产基金

一、本科目核算事业单位长期投资、固定资产、在建工程、无形资产等非流动资产占用的金额。

二、本科目应当设置"长期投资"、"固定资产"、"在建工程"、"无形资产"等明细科目，进行明细核算。

三、非流动资产基金的主要账务处理如下：

（一）非流动资产基金应当在取得长期投资、固定资产、在建工程、无形资产等非流动资产或发生相关支出时予以确认。

取得相关资产或发生相关支出时，借记"长期投资"、"固定资产"、"在建工程"、"无形资产"等科目，贷记本科目等有关科目；同时或待以后发生相关支出时，借记"事业支出"等有关科目，贷记"财政补助收入"、"零余额账户用款额度"、"银行存款"等科目。

（二）计提固定资产折旧、无形资产摊销时，应当冲减非流动资产基金。

计提固定资产折旧、无形资产摊销时，按照计提的折旧、摊销金额，借记本科目（固定资产、无形资产），贷记"累计折旧"、"累计摊销"科目。

（三）处置长期投资、固定资产、无形资产，以及以固定资产、无形资产对外投资时，应当冲销该资产对应的非流动资产基金。

1. 以固定资产、无形资产对外投资，按照评估价值加上相关税费作为投资成本，借记"长期投资"科目，贷记本科目（长期投资），按发生的相关税费，借记"其他支出"科目，贷记"银行存款"等科目；同时，按照投出固定资产、无形资产对应的非流动资产基金，借记本科目（固定资产、无形资产），按照投出资产已提折旧、摊销，借记"累计折旧"、"累计摊销"科目，按照投出资产的账面余额，贷记"固定资产"、"无形资产"科目。

2. 出售或以其他方式处置长期投资、固定资产、无形资产，转入待处置资产时，借记"待处置资产损溢"、"累计折旧"[处置固定资产]或"累计摊销"[处置无形资产]

科目，贷记"长期投资"、"固定资产"、"无形资产"等科目。

实际处置时，借记本科目（有关资产明细科目），贷记"待处置资产损溢"科目。

四、本科目期末贷方余额，反映事业单位非流动资产占用的金额。

3201 专用基金

一、本科目核算事业单位按规定提取或者设置的具有专门用途的净资产，主要包括修购基金、职工福利基金等。

二、本科目应当按照专用基金的类别进行明细核算。

三、专用基金的主要账务处理如下：

（一）提取修购基金

按规定提取修购基金的，按照提取金额，借记"事业支出"、"经营支出"科目，贷记本科目（修购基金）。

（二）提取职工福利基金

年末，按规定从本年度非财政补助结余中提取职工福利基金的，按照提取金额，借记"非财政补助结余分配"科目，贷记本科目（职工福利基金）。

（三）提取、设置其他专用基金

若有按规定提取的其他专用基金，按照提取金额，借记有关支出科目或"非财政补助结余分配"等科目，贷记本科目。

若有按规定设置的其他专用基金，按照实际收到的基金金额，借记"银行存款"等科目，贷记本科目。

（四）使用专用基金

按规定使用专用基金时，借记本科目，贷记"银行存款"等科目；使用专用基金形成固定资产的，还应借记"固定资产"科目，贷记"非流动资产基金——固定资产"科目。

四、本科目期末贷方余额，反映事业单位专用基金余额。

3301 财政补助结转

一、本科目核算事业单位滚存的财政补助结转资金，包括基本支出结转和项目支出结转。

二、本科目应当设置"基本支出结转"、"项目支出结转"两个明细科目，并在"基本支出结转"明细科目下按照"人员经费"、"日常公用经费"进行明细核算，在"项目支出结转"明细科目下按照具体项目进行明细核算；本科目还应按照《政府收支分类科目》中"支出功能分类科目"的相关科目进行明细核算。

三、财政补助结转的主要账务处理如下：

（一）期末，将财政补助收入本期发生额结转入本科目，借记"财政补助收入——基本支出、项目支出"科目，贷记本科目（基本支出结转、项目支出结转）；将事业支出

（财政补助支出）本期发生额结转入本科目，借记本科目（基本支出结转、项目支出结转），贷记"事业支出——财政补助支出（基本支出、项目支出）"或"事业支出——基本支出（财政补助支出）、项目支出（财政补助支出）"科目。

（二）年末，完成上述（一）结转后，应当对财政补助各明细项目执行情况进行分析，按照有关规定将符合财政补助结余性质的项目余额转入财政补助结余，借记或贷记本科目（项目支出结转——××项目），贷记或借记"财政补助结余"科目。

（三）按规定上缴财政补助结转资金或注销财政补助结转额度的，按照实际上缴资金数额或注销的资金额度数额，借记本科目，贷记"财政应返还额度"、"零余额账户用款额度"、"银行存款"等科目。取得主管部门归集调入财政补助结转资金或额度的，做相反会计分录。

四、事业单位发生需要调整以前年度财政补助结转的事项，通过本科目核算。

五、本科目期末贷方余额，反映事业单位财政补助结转资金数额。

3302　财政补助结余

一、本科目核算事业单位滚存的财政补助项目支出结余资金。

二、本科目应当按照《政府收支分类科目》中"支出功能分类科目"的相关科目进行明细核算。

三、财政补助结余的主要账务处理如下：

（一）年末，对财政补助各明细项目执行情况进行分析，按照有关规定将符合财政补助结余性质的项目余额转入财政补助结余，借记或贷记"财政补助结转——项目支出结转（××项目）"科目，贷记或借记本科目。

（二）按规定上缴财政补助结余资金或注销财政补助结余额度的，按照实际上缴资金数额或注销的资金额度数额，借记本科目，贷记"财政应返还额度"、"零余额账户用款额度"、"银行存款"等科目。取得主管部门归集调入财政补助结余资金或额度的，做相反会计分录。

四、事业单位发生需要调整以前年度财政补助结余的事项，通过本科目核算。

五、本科目期末贷方余额，反映事业单位财政补助结余资金数额。

3401　非财政补助结转

一、本科目核算事业单位除财政补助收支以外的各专项资金收入与其相关支出相抵后剩余滚存的、须按规定用途使用的结转资金。

二、本科目应当按照非财政专项资金的具体项目进行明细核算。

三、非财政补助结转的主要账务处理如下：

（一）期末，将事业收入、上级补助收入、附属单位上缴收入、其他收入本期发生额中的专项资金收入结转入本科目，借记"事业收入"、"上级补助收入"、"附属单位上缴收入"、"其他收入"科目下各专项资金收入明细科目，贷记本科目；将事业支出、其他支出本期发生额中的非财政专项资金支出结转入本科目，借记本科目，贷记"事业支出——非财政专项资金支出"或"事业支出——项目支出（非财政专项资金支出）"、"其他支出"科目下各专项资金支出明细科目。

（二）年末，完成上述（一）结转后，应当对非财政补助专项结转资金各项目情况进行分析，将已完成项目的项目剩余资金区分以下情况处理：缴回原专项资金拨入单位的，借记本科目（××项目），贷记"银行存款"等科目；留归本单位使用的，借记本科目（××项目），贷记"事业基金"科目。

四、事业单位发生需要调整以前年度非财政补助结转的事项，通过本科目核算。

五、本科目期末贷方余额，反映事业单位非财政补助专项结转资金数额。

3402 事业结余

一、本科目核算事业单位一定期间除财政补助收支、非财政专项资金收支和经营收支以外各项收支相抵后的余额。

二、事业结余的主要账务处理如下：

（一）期末，将事业收入、上级补助收入、附属单位上缴收入、其他收入本期发生额中的非专项资金收入结转入本科目，借记"事业收入"、"上级补助收入"、"附属单位上缴收入"、"其他收入"科目下各非专项资金收入明细科目，贷记本科目；将事业支出、其他支出本期发生额中的非财政、非专项资金支出，以及对附属单位补助支出、上缴上级支出的本期发生额结转入本科目，借记本科目，贷记"事业支出——其他资金支出"或"事业支出——基本支出（其他资金支出）、项目支出（其他资金支出）"科目、"其他支出"科目下各非专项资金支出明细科目、"对附属单位补助支出"、"上缴上级支出"科目。

（二）年末，完成上述（一）结转后，将本科目余额结转入"非财政补助结余分配"科目，借记或贷记本科目，贷记或借记"非财政补助结余分配"科目。

三、本科目期末如为贷方余额，反映事业单位自年初至报告期末累计实现的事业结余；如为借方余额，反映事业单位自年初至报告期末累计发生的事业亏损。年末结账后，本科目应无余额。

3403 经营结余

一、本科目核算事业单位一定期间各项经营收支相抵后余额弥补以前年度经营亏损后的余额。

二、经营结余的主要账务处理如下：

（一）期末，将经营收入本期发生额结转入本科目，借记"经营收入"科目，贷记本科目；将经营支出本期发生额结转入本科目，借记本科目，贷记"经营支出"科目。

（二）年末，完成上述（一）结转后，如本科目为贷方余额，将本科目余额结转入"非财政补助结余分配"科目，借记本科目，贷记"非财政补助结余分配"科目；如本科目为借方余额，为经营亏损，不予结转。

三、本科目期末如为贷方余额,反映事业单位自年初至报告期末累计实现的经营结余弥补以前年度经营亏损后的经营结余;如为借方余额,反映事业单位截至报告期末累计发生的经营亏损。

年末结账后,本科目一般无余额;如为借方结余,反映事业单位累计发生的经营亏损。

3404 非财政补助结余分配

一、本科目核算事业单位本年度非财政补助结余分配的情况和结果。

二、非财政补助结余分配的主要账务处理如下:

(一)年末,将"事业结余"科目余额结转入本科目,借记或贷记"事业结余"科目,贷记或借记本科目;将"经营结余"科目贷方余额结转入本科目,借记"经营结余"科目,贷记本科目。

(二)有企业所得税缴纳义务的事业单位计算出应缴纳的企业所得税,借记本科目,贷记"应缴税费——应缴企业所得税"科目。

(三)按照有关规定提取职工福利基金的,按提取的金额,借记本科目,贷记"专用基金——职工福利基金"科目。

(四)年末,按规定完成上述(一)至(三)处理后,将本科目余额结转入事业基金,借记或贷记本科目,贷记或借记"事业基金"科目。

三、年末结账后,本科目应无余额。

四、收入类

4001 财政补助收入

一、本科目核算事业单位从同级财政部门取得的各类财政拨款,包括基本支出补助和项目支出补助。

二、本科目应当设置"基本支出"和"项目支出"两个明细科目;两个明细科目下按照《政府收支分类科目》中"支出功能分类"的相关科目进行明细核算;同时在"基本支出"明细科目下按照"人员经费"和"日常公用经费"进行明细核算,在"项目支出"明细科目下按照具体项目进行明细核算。

三、财政补助收入的主要账务处理如下:

(一)财政直接支付方式下,对财政直接支付的支出,事业单位根据财政国库支付执行机构委托代理银行转来的《财政直接支付入账通知书》及原始凭证,按照通知书中的直接支付入账金额,借记有关科目,贷记本科目。

年度终了,根据本年度财政直接支付预算指标数与当年财政直接支付实际支出数的差额,借记"财政应返还额度——财政直接支付"科目,贷记本科目。

(二)财政授权支付方式下,事业单位根据代理银行转来的《授权支付到账通知书》,按照通知书中的授权支付额度,借记"零余额账户用款额度"科目,贷记本科目。

年度终了，事业单位本年度财政授权支付预算指标数大于零余额账户用款额度下达数的，根据未下达的用款额度，借记"财政应返还额度——财政授权支付"科目，贷记本科目。

（三）其他方式下，实际收到财政补助收入时，按照实际收到的金额，借记"银行存款"等科目，贷记本科目。

（四）因购货退回等发生国库直接支付款项退回的，属于以前年度支付的款项，按照退回金额，借记"财政应返还额度"科目，贷记"财政补助结转"、"财政补助结余"、"存货"等有关科目；属于本年度支付的款项，按照退回金额，借记本科目，贷记"事业支出"、"存货"等有关科目。

（五）期末，将本科目本期发生额转入财政补助结转，借记本科目，贷记"财政补助结转"科目。

四、期末结账后，本科目应无余额。

4101 事业收入

一、本科目核算事业单位开展专业业务活动及其辅助活动取得的收入。

二、本科目应当按照事业收入类别、项目、《政府收支分类科目》中"支出功能分类"相关科目等进行明细核算。事业收入中如有专项资金收入，还应按具体项目进行明细核算。

三、事业收入的主要账务处理如下：

（一）采用财政专户返还方式管理的事业收入

1. 收到应上缴财政专户的事业收入时，按照收到的款项金额，借记"银行存款"、"库存现金"等科目，贷记"应缴财政专户款"科目。

2. 向财政专户上缴款项时，按照实际上缴的款项金额，借记"应缴财政专户款"科目，贷记"银行存款"等科目。

3. 收到从财政专户返还的事业收入时，按照实际收到的返还金额，借记"银行存款"等科目，贷记本科目。

（二）其他事业收入

收到事业收入时，按照收到的款项金额，借记"银行存款"、"库存现金"等科目，贷记本科目。

涉及增值税业务的，相关账务处理参照"经营收入"科目。

（三）期末，将本科目本期发生额中的专项资金收入结转入非财政补助结转，借记本科目下各专项资金收入明细科目，贷记"非财政补助结转"科目；将本科目本期发生额中的非专项资金收入结转入事业结余，借记本科目下各非专项资金收入明细科目，贷记"事业结余"科目。

四、期末结账后，本科目应无余额。

4201 上级补助收入

一、本科目核算事业单位从主管部门和上级单位取得的非财政补助收入。

二、本科目应当按照发放补助单位、补助项目、《政府收支分类科目》中"支出功能分类"相关科目等进行明细核算。上级补助收入中如有专项资金收入，还应按具体项目进行明细核算。

三、上级补助收入的主要账务处理如下：

（一）收到上级补助收入时，按照实际收到的金额，借记"银行存款"等科目，贷记本科目。

（二）期末，将本科目本期发生额中的专项资金收入结转入非财政补助结转，借记本科目下各专项资金收入明细科目，贷记"非财政补助结转"科目；将本科目本期发生额中的非专项资金收入结转入事业结余，借记本科目下各非专项资金收入明细科目，贷记"事业结余"科目。

四、期末结账后，本科目应无余额。

4301 附属单位上缴收入

一、本科目核算事业单位附属独立核算单位按照有关规定上缴的收入。

二、本科目应当按照附属单位、缴款项目、《政府收支分类科目》中"支出功能分类"相关科目等进行明细核算。附属单位上缴收入中如有专项资金收入，还应按具体项目进行明细核算。

三、附属单位上缴收入的主要账务处理如下：

（一）收到附属单位缴来款项时，按照实际收到金额，借记"银行存款"等科目，贷记本科目。

（二）期末，将本科目本期发生额中的专项资金收入结转入非财政补助结转，借记本科目下各专项资金收入明细科目，贷记"非财政补助结转"科目；将本科目本期发生额中的非专项资金收入结转入事业结余，借记本科目下各非专项资金收入明细科目，贷记"事业结余"科目。

四、期末结账后，本科目应无余额。

4401 经营收入

一、本科目核算事业单位在专业业务活动及其辅助活动之外开展非独立核算经营活动取得的收入。

二、本科目应当按照经营活动类别、项目、《政府收支分类科目》中"支出功能分类"相关科目等进行明细核算。

三、经营收入的主要账务处理如下：

（一）经营收入应当在提供服务或发出存货，同时收讫价款或者取得索取价款的凭据时，按照实际收到或应收的金额确认收入。

实现经营收入时，按照确定的收入金额，借记"银行存款"、"应收账款"、"应收票据"等科目，贷记本科目。

属于增值税小规模纳税人的事业单位实现经营收入，按实际出售价款，借记"银行存款"、"应收账款"、"应收票据"等科目，按出售价款扣除增值税额后的金额，贷记本科目，按应缴增值税金额，贷记"应缴税费——应缴增值税"科目。

属于增值税一般纳税人的事业单位实现经营收入，按包含增值税的价款总额，借记"银行存款"、"应收账款"、"应收票据"等科目，按扣除增值税销项税额后的价款金额，贷记本科目，按增值税专用发票上注明的增值税金额，贷记"应缴税费——应缴增值税（销项税额）"科目。

（二）期末，将本科目本期发生额转入经营结余，借记本科目，贷记"经营结余"科目。

四、期末结账后，本科目应无余额。

4501 其他收入

一、本科目核算事业单位除财政补助收入、事业收入、上级补助收入、附属单位上缴收入、经营收入以外的各项收入，包括投资收益、银行存款利息收入、租金收入、捐赠收入、现金盘盈收入、存货盘盈收入、收回已核销应收及预付款项、无法偿付的应付及预收款项等。

二、本科目应当按照其他收入的类别、《政府收支分类科目》中"支出功能分类"相关科目等进行明细核算。对于事业单位对外投资实现的投资净损益，应单设"投资收益"明细科目进行核算；其他收入中如有专项资金收入（如限定用途的捐赠收入），还应按具体项目进行明细核算。

三、其他收入的主要账务处理如下：

（一）投资收益

1. 对外投资持有期间收到利息、利润等时，按实际收到的金额，借记"银行存款"等科目，贷记本科目（投资收益）。

2. 出售或到期收回国债投资本息，按照实际收到的金额，借记"银行存款"等科目，按照出售或收回国债投资的成本，贷记"短期投资"、"长期投资"科目，按其差额，贷记或借记本科目（投资收益）。

（二）银行存款利息收入、租金收入

收到银行存款利息、资产承租人支付的租金，按照实际收到的金额，借记"银行存款"等科目，贷记本科目。

（三）捐赠收入

1. 接受捐赠现金资产，按照实际收到的金额，借记"银行存款"等科目，贷记本科目。

2. 接受捐赠的存货验收入库，按照确定的成本，借记"存货"科目，按照发生的相关税费、运输费等，贷记"银行存款"等科目，按照其差额，贷记本科目。

接受捐赠固定资产、无形资产等非流动资产，不通过本科目核算。

（四）现金盘盈收入

每日现金账款核对中如发现现金溢余，属于无法查明原因的部分，借记"库存现金"科目，贷记本科目。

（五）存货盘盈收入

盘盈的存货，按照确定的入账价值，借记"存货"科目，贷记本科目。

（六）收回已核销应收及预付款项

已核销应收账款、预付账款、其他应收款在以后期间收回的，按照实际收回的金额，借记"银行存款"等科目，贷记本科目。

（七）无法偿付的应付及预收款项

无法偿付或债权人豁免偿还的应付账款、预收账款、其他应付款及长期应付款，借记"应付账款"、"预收账款"、"其他应付款"、"长期应付款"等科目，贷记本科目。

（八）期末，将本科目本期发生额中的专项资金收入结转入非财政补助结转，借记本科目下各专项资金收入明细科目，贷记"非财政补助结转"科目；将本科目本期发生额中的非专项资金收入结转入事业结余，借记本科目下各非专项资金收入明细科目，贷记"事业结余"科目。

四、期末结账后，本科目应无余额。

五、支出类

5001 事业支出

一、本科目核算事业单位开展专业业务活动及其辅助活动发生的基本支出和项目支出。

二、本科目应当按照"基本支出"和"项目支出"，"财政补助支出"、"非财政专项资金支出"和"其他资金支出"等层级进行明细核算，并按照《政府收支分类科目》中"支出功能分类"相关科目进行明细核算；"基本支出"和"项目支出"明细科目下应当按照《政府收支分类科目》中"支出经济分类"的款级科目进行明细核算；同时在"项目支出"明细科目下按照具体项目进行明细核算。

三、事业支出的主要账务处理如下：

（一）为从事专业业务活动及其辅助活动人员计提的薪酬等，借记本科目，贷记"应付职工薪酬"等科目。

（二）开展专业业务活动及其辅助活动领用的存货，按领用存货的实际成本，借记本科目，贷记"存货"科目。

（三）开展专业业务活动及其辅助活动中发生的其他各项支出，借记本科目，贷记"库存现金"、"银行存款"、"零余额账户用款额度"、"财政补助收入"等科目。

（四）期末，将本科目（财政补助支出）本期发生额结转入"财政补助结转"科目，借记"财政补助结转——基本支出结转、项目支出结转"科目，贷记本科目（财政补助支出——基本支出、项目支出）或本科目（基本支出——财政补助支出、项目支出——财政补助支出）；将本科目（非财政专项资金支出）本期发生额结转入"非财政补助结转"科目，借记"非财政补助结转"科目，贷记本科目（非财政专项资金支出）或本科目（项目支出——非财政专项资金支出）；将本科目（其他资金支出）本期发生额结转入"事业结余"科目，借记"事业结余"科目，贷记本科目（其他资金支出）或本科目（基本支出——其他资金支出、项目支出——其他资金支出）。

四、期末结账后，本科目应无余额。

5101　上缴上级支出

一、本科目核算事业单位按照财政部门和主管部门的规定上缴上级单位的支出。

二、本科目应当按照收缴款项单位、缴款项目、《政府收支分类科目》中"支出功能分类"相关科目等进行明细核算。

三、上缴上级支出的主要账务处理如下：

（一）按规定将款项上缴上级单位的，按照实际上缴的金额，借记本科目，贷记"银行存款"等科目。

（二）期末，将本科目本期发生额转入事业结余，借记"事业结余"科目，贷记本科目。

四、期末结账后，本科目应无余额。

5201　对附属单位补助支出

一、本科目核算事业单位用财政补助收入之外的收入对附属单位补助发生的支出。

二、本科目应当按照接受补助单位、补助项目、《政府收支分类科目》中"支出功能分类"相关科目等进行明细核算。

三、对附属单位补助支出的主要账务处理如下：

（一）发生对附属单位补助支出的，按照实际支出的金额，借记本科目，贷记"银行存款"等科目。

（二）期末，将本科目本期发生额转入事业结余，借记"事业结余"科目，贷记本科目。

四、期末结账后，本科目应无余额。

5301　经营支出

一、本科目核算事业单位在专业业务活动及其辅助活动之外开展非独立核算经营活动发生的支出。

二、事业单位开展非独立核算经营活动的，应当正确归集开展经营活动发生的各项费用数；无法直接归集的，应当按照规定的标准或比例合理分摊。

事业单位的经营支出与经营收入应当配比。

三、本科目应当按照经营活动类别、项目、《政府收支分类科目》中"支出功能分类"相关科目等进行明细核算。

四、经营支出的主要账务处理如下：

（一）为在专业业务活动及其辅助活动之外开展非独立核算经营活动人员计提的薪酬等，借记本科目，贷记"应付职工薪酬"等科目。

（二）在专业业务活动及其辅助活动之外开展非独立核算经营活动领用、发出的存货，按领用、发出存货的实际成本，借记本科目，贷记"存货"科目。

（三）在专业业务活动及其辅助活动之外开展非独立核算经营活动中发生的其他各项支出，借记本科目，贷记"库存现金"、"银行存款"、"应缴税费"等科目。

（四）期末，将本科目本期发生额转入经营结余，借记"经营结余"科目，贷记本科目。

五、期末结账后，本科目应无余额。

5401 其他支出

一、本科目核算事业单位除事业支出、上缴上级支出、对附属单位补助支出、经营支出以外的各项支出，包括利息支出、捐赠支出、现金盘亏损失、资产处置损失、接受捐赠（调入）非流动资产发生的税费支出等。

二、本科目应当按照其他支出的类别、《政府收支分类科目》中"支出功能分类"相关科目等进行明细核算。其他支出中如有专项资金支出，还应按具体项目进行明细核算。

三、其他支出的主要账务处理如下：

（一）利息支出

支付银行借款利息时，借记本科目，贷记"银行存款"科目。

（二）捐赠支出

1. 对外捐赠现金资产，借记本科目，贷记"银行存款"等科目。

2. 对外捐出存货，借记本科目，贷记"待处置资产损溢"科目。

对外捐赠固定资产、无形资产等非流动资产，不通过本科目核算。

（三）现金盘亏损失

每日现金账款核对中如发现现金短缺，属于无法查明原因的部分，报经批准后，借记本科目，贷记"库存现金"科目。

（四）资产处置损失

报经批准核销应收及预付款项、处置存货，借记本科目，贷记"待处置资产损溢"科目。

（五）接受捐赠（调入）非流动资产发生的税费支出

接受捐赠、无偿调入非流动资产发生的相关税费、运输费等，借记本科目，贷记"银行存款"等科目。

以固定资产、无形资产取得长期股权投资，所发生的相关税费计入本科目。具体账务处理参见"长期投资"科目。

（六）期末，将本科目本期发生额中的专项资金支出结转入非财政补助结转，借记"非财政补助结转"科目，贷记本科目下各专项资金支出明细科目；将本科目本期发生额中的非专项资金支出结转入事业结余，借记"事业结余"科目，贷记本科目下各非专项资金支出明细科目。

四、期末结账后，本科目应无余额。

第四部分　会计报表格式

编号	财务报表名称	编制期
会事业 01 表	资产负债表	月报、年报
会事业 02 表	收入支出表	月报、年报
会事业 03 表	财政补助收入支出表	年报
	附注	年报

资产负债表

会事业 01 表

编制单位：　　　　　　　＿＿＿＿年＿＿月＿＿日　　　　　　　　单位：元

资产	年初余额	期末余额	负债和净资产	年初余额	期末余额
流动资产：			流动负债：		
货币资金			短期借款		
短期投资			应缴税费		
财政应返还额度			应缴国库款		
应收票据			应缴财政专户款		
应收账款			应付职工薪酬		
预付账款			应付票据		
其他应收款			应付账款		
存货			预收账款		
其他流动资产			其他应付款		
流动资产合计			其他流动负债		
非流动资产：			流动负债合计		
长期投资			非流动负债：		
固定资产			长期借款		

续表

资产	年初余额	期末余额	负债和净资产	年初余额	期末余额
固定资产原价			长期应付款		
减：累计折旧			非流动负债合计		
在建工程			负债合计		
无形资产			净资产		
无形资产原价			事业基金		
减：累计摊销			非流动资产基金		
待处置财产损溢			专用基金		
非流动资产合计			财政补助结转		
			财政补助结余		
			非财政补助结转		
			非财政补助结余		
			1. 事业结余		
			2. 经营结余		
			净资产合计		
资产总计			负债和净资产合计		

收入支出表

会事业02表

编制单位：　　　　　　　　　　　　　年　　月　　　　　　　　　　　单位：元

项目	本月数	本年累计数
一、本期财政补助结转结余		
财政补助收入		
减：事业支出（财政补助支出）		
二、本期事业结转结余		
（一）事业类收入		
1. 事业收入		
2. 上级补助收入		
3. 附属单位上缴收入		
4. 其他收入		
其中：捐赠收入		
减：（二）事业类支出		

续表

项目	本月数	本年累计数
1. 事业支出（非财政补助支出）		
2. 上缴上级支出		
3. 对附属单位补助		
4. 其他支出		
三、本期经营结余		
经营收入		
减：经营支出		
四、弥补以前年度亏损后的经营结余		
五、本年非财政补助结转结余		
减：非财政补助结转		
六、本年非财政补助结余		
减：应缴企业所得税		
减：提取专用基金		
七、转入事业基金		

财政补助收入支出表

会事业03表

编制单位： ＿＿＿＿年度 单位：元

项目	本年数	上年数
一、年初财政补助结转结余		
（一）基本支出结转		
1. 人员经费		
2. 日常公用经费		
（二）项目支出结转		
××项目		
（三）项目支出结余		
二、调整年初财政补助结转结余		
（一）基本支出结转		
1. 人员经费		
2. 日常公用经费		
（二）项目支出结转		
××项目		
（三）项目支出结余		

续表

项目	本月数	本年累计数
三、本年归集调入财政补助结转结余		
（一）基本支出结转		
1. 人员经费		
2. 日常公用经费		
（二）项目支出结转		
××项目		
（三）项目支出结余		
四、本年上缴财政补助结转结余		
（一）基本支出结转		
1. 人员经费		
2. 日常公用经费		
（二）项目支出结转		
××项目		
（三）项目支出结余		
五、本年财政补助收入		
（一）基本支出结转		
1. 人员经费		
2. 日常公用经费		
（二）项目支出结转		
××项目		
六、本年财政补助支出		
（一）基本支出结转		
1. 人员经费		
2. 日常公用经费		
（二）项目支出结转		
××项目		
七、年末财政补助结转结余		
（一）基本支出结转		
1. 人员经费		
2. 日常公用经费		
（二）项目支出结转		
××项目		
（三）项目支出结余		

第五部分　财务报表编制说明

一、资产负债表编制说明

（一）本表反映事业单位在某一特定日期全部资产、负债和净资产的情况。

（二）本表"年初余额"栏内各项数字，应当根据上年年末资产负债表"期末余额"栏内数字填列。如果本年度资产负债表规定的各个项目的名称和内容同上年度不相一致，应对上年年末资产负债表各项目的名称和数字按照本年度的规定进行调整，填入本表"年初余额"栏内。

（三）本表"期末余额"栏各项目的内容和填列方法：

1. 资产类项目

（1）"货币资金"项目，反映事业单位期末库存现金、银行存款和零余额账户用款额度的合计数。本项目应当根据"库存现金"、"银行存款"、"零余额账户用款额度"科目的期末余额合计填列。

（2）"短期投资"项目，反映事业单位期末持有的短期投资成本。本项目应当根据"短期投资"科目的期末余额填列。

（3）"财政应返还额度"项目，反映事业单位期末财政应返还额度的金额。本项目应当根据"财政应返还额度"科目的期末余额填列。

（4）"应收票据"项目，反映事业单位期末持有的应收票据的票面金额。本项目应当根据"应收票据"科目的期末余额填列。

（5）"应收账款"项目，反映事业单位期末尚未收回的应收账款余额。本项目应当根据"应收账款"科目的期末余额填列。

（6）"预付账款"项目，反映事业单位预付给商品或者劳务供应单位的款项。本项目应当根据"预付账款"科目的期末余额填列。

（7）"其他应收款"项目，反映事业单位期末尚未收回的其他应收款余额。本项目应当根据"其他应收款"科目的期末余额填列。

（8）"存货"项目，反映事业单位期末为开展业务活动及其他活动耗用而储存的各种材料、燃料、包装物、低值易耗品及达不到固定资产标准的用具、装具、动植物等的实际成本。本项目应当根据"存货"科目的期末余额填列。

（9）"其他流动资产"项目，反映事业单位除上述各项之外的其他流动资产，如将在1年内（含1年）到期的长期债券投资。本项目应当根据"长期投资"等科目的期末余额分析填列。

（10）"长期投资"项目，反映事业单位持有时间超过1年（不含1年）的股权和债权性质的投资。本项目应当根据"长期投资"科目期末余额减去其中将于1年内（含1年）到期的长期债券投资余额后的金额填列。

（11）"固定资产"项目，反映事业单位期末各项固定资产的账面价值。本项目应当根据"固定资产"科目期末余额减去"累计折旧"科目期末余额后的金额填列。

"固定资产原价"项目，反映事业单位期末各项固定资产的原价。本项目应当根据"固定资产"科目的期末余额填列。

"累计折旧"项目，反映事业单位期末各项固定资产的累计折旧。本项目应当根据"累计折旧"科目的期末余额填列。

（12）"在建工程"项目，反映事业单位期末尚未完工交付使用的在建工程发生的实际成本。本项目应当根据"在建工程"科目的期末余额填列。

（13）"无形资产"项目，反映事业单位期末持有的各项无形资产的账面价值。本项目应当根据"无形资产"科目期末余额减去"累计摊销"科目期末余额后的金额填列。

"无形资产原价"项目，反映事业单位期末持有的各项无形资产的原价。本项目应当根据"无形资产"科目的期末余额填列。

"累计摊销"项目，反映事业单位期末各项无形资产的累计摊销。本项目应当根据"累计摊销"科目的期末余额填列。

（14）"待处置资产损溢"项目，反映事业单位期末待处置资产的价值及处置损溢。本项目应当根据"待处置资产损溢"科目的期末借方余额填列；如"待处置资产损溢"科目期末为贷方余额，则以"－"号填列。

（15）"非流动资产合计"项目，按照"长期投资"、"固定资产"、"在建工程"、"无形资产"、"待处置资产损溢"项目金额的合计数填列。

2. 负债类项目

（16）"短期借款"项目，反映事业单位借入的期限在1年内（含1年）的各种借款。本项目应当根据"短期借款"科目的期末余额填列。

（17）"应缴税费"项目，反映事业单位应交未交的各种税费。本项目应当根据"应缴税费"科目的期末贷方余额填列；如"应缴税费"科目期末为借方余额，则以"－"号填列。

（18）"应缴国库款"项目，反映事业单位按规定应缴入国库的款项（应缴税费除外）。本项目应当根据"应缴国库款"科目的期末余额填列。

（19）"应缴财政专户款"项目，反映事业单位按规定应缴入财政专户的款项。本项目应当根据"应缴财政专户款"科目的期末余额填列。

（20）"应付职工薪酬"项目，反映事业单位按有关规定应付给职工及为职工支付的各种薪酬。本项目应当根据"应付职工薪酬"科目的期末余额填列。

（21）"应付票据"项目，反映事业单位期末应付票据的金额。本项目应当根据"应付票据"科目的期末余额填列。

（22）"应付账款"项目，反映事业单位期末尚未支付的应付账款的金额。本项目应当根据"应付账款"科目的期末余额填列。

(23) "预收账款"项目,反映事业单位期末按合同规定预收但尚未实际结算的款项。本项目应当根据"预收账款"科目的期末余额填列。

(24) "其他应付款"项目,反映事业单位期末应付未付的其他各项应付及暂收款项。本项目应当根据"其他应付款"科目的期末余额填列。

(25) "其他流动负债"项目,反映事业单位除上述各项之外的其他流动负债,如承担的将于1年内(含1年)偿还的长期负债。本项目应当根据"长期借款"、"长期应付款"等科目的期末余额分析填列。

(26) "长期借款"项目,反映事业单位借入的期限超过1年(不含1年)的各项借款本金。本项目应当根据"长期借款"科目的期末余额减去其中将于1年内(含1年)到期的长期借款余额后的金额填列。

(27) "长期应付款"项目,反映事业单位发生的偿还期限超过1年(不含1年)的各种应付款项。本项目应当根据"长期应付款"科目的期末余额减去其中将于1年内(含1年)到期的长期应付款余额后的金额填列。

3. 净资产类项目

(28) "事业基金"项目,反映事业单位期末拥有的非限定用途的净资产。本项目应当根据"事业基金"科目的期末余额填列。

(29) "非流动资产基金"项目,反映事业单位期末非流动资产占用的金额。本项目应当根据"非流动资产基金"科目的期末余额填列。

(30) "专用基金"项目,反映事业单位按规定设置或提取的具有专门用途的净资产。本项目应当根据"专用基金"科目的期末余额填列。

(31) "财政补助结转"项目,反映事业单位滚存的财政补助结转资金。本项目应当根据"财政补助结转"科目的期末余额填列。

(32) "财政补助结余"项目,反映事业单位滚存的财政补助项目支出结余资金。本项目应当根据"财政补助结余"科目的期末余额填列。

(33) "非财政补助结转"项目,反映事业单位滚存的非财政补助专项结转资金。本项目应当根据"非财政补助结转"科目的期末余额填列。

(34) "非财政补助结余"项目,反映事业单位自年初至报告期末累计实现的非财政补助结余弥补以前年度经营亏损后的余额。本项目应当根据"事业结余"、"经营结余"科目的期末余额合计填列;如"事业结余"、"经营结余"科目的期末余额合计为亏损数,则以"-"号填列。在编制年度资产负债表时,本项目金额一般应为"0";若不为"0",本项目金额应为"经营结余"科目的期末借方余额("-"号填列)。

"事业结余"项目,反映事业单位自年初至报告期末累计实现的事业结余。本项目应当根据"事业结余"科目的期末余额填列;如"事业结余"科目的期末余额为亏损数,则以"-"号填列。在编制年度资产负债表时,本项目金额应为"0"。

"经营结余"项目,反映事业单位自年初至报告期末累计实现的经营结余弥补以前年度经营亏损后的余额。本项目应当根据"经营结余"科目的期末余额填列;如"经营结余"科目的期末余额为亏损数,则以"-"号填列。在编制年度资产负债表时,本项目金额一般应为"0";若不为"0",本项目金额应为"经营结余"科目的期末借方余额("-"号填列)。

二、收入支出表编制说明

(一)本表反映事业单位在某一会计期间内各项收入、支出和结转结余情况,以及年末非财政补助结余的分配情况。

(二)本表"本月数"栏反映各项目的本月实际发生数。在编制年度收入支出表时,应当将本栏改为"上年数"栏,反映上年度各项目的实际发生数;如果本年度收入支出表规定的各个项目的名称和内容同上年度不一致,应对上年度收入支出表各项目的名称和数字按照本年度的规定进行调整,填入本年度收入支出表的"上年数"栏。

本表"本年累计数"栏反映各项目自年初起至报告期末止的累计实际发生数。编制年度收入支出表时,应当将本栏改为"本年数"。

(三)本表"本月数"栏各项目的内容和填列方法:

1. 本期财政补助结转结余

(1)"本期财政补助结转结余"项目,反映事业单位本期财政补助收入与财政补助支出相抵后的余额。本项目应当按照本表中"财政补助收入"项目金额减去"事业支出(财政补助支出)"项目金额后的余额填列。

(2)"财政补助收入"项目,反映事业单位本期从同级财政部门取得的各类财政拨款。本项目应当根据"财政补助收入"科目的本期发生额填列。

(3)"事业支出(财政补助支出)"项目,反映事业单位本期使用财政补助发生的各项事业支出。本项目应当根据"事业支出——财政补助支出"科目的本期发生额填列,或者根据"事业支出——基本支出(财政补助支出)"、"事业支出——项目支出(财政补助支出)"科目的本期发生额合计填列。

2. 本期事业结转结余

(4)"本期事业结转结余"项目,反映事业单位本期除财政补助收支、经营收支以外的各项收支相抵后的余额。本项目应当按照本表中"事业类收入"项目金额减去"事业类支出"项目金额后的余额填列;如为负数,以"-"号填列。

(5)"事业类收入"项目,反映事业单位本期事业收入、上级补助收入、附属单位上缴收入、其他收入的合计数。本项目应当按照本表中"事业收入"、"上级补助收入"、"附属单位上缴收入"、"其他收入"项目金额的合计数填列。

"事业收入"项目,反映事业单位开展专业业务活动及其辅助活动取得的收入。本项目应当根据"事业收入"科目的本期发生额填列。

"上级补助收入"项目,反映事业单位从主管部门和上级单位取得的非财政补助收入。本项目应当根据"上级补助收入"科目的本期发生额填列。

"附属单位上缴收入"项目,反映事业单位附属独立核算单位按照有关规定上缴的收入。本项目应当根据"附属单位上缴收入"科目的本期发生额填列。

"其他收入"项目,反映事业单位除财政补助收入、事业收入、上级补助收入、附属单位上缴收入、经营收入以外的其他收入。本项目应当根据"其他收入"科目的本期发生额填列。

"捐赠收入"项目,反映事业单位接受现金、存货捐赠取得的收入。本项目应当根据"其他收入"科目所属相关明细科目的本期发生额填列。

(6)"事业类支出"项目,反映事业单位本期事业支出(非财政补助支出)、上缴上级支出、对附属单位补助支出、其他支出的合计数。本项目应当按照本表中"事业支出(非财政补助支出)"、"上缴上级支出"、"对附属单位补助支出"、"其他支出"项目金额的合计数填列。

"事业支出(非财政补助支出)"项目,反映事业单位使用财政补助以外的资金发生的各项事业支出。本项目应当根据"事业支出——非财政专项资金支出"、"事业支出——其他资金支出"科目的本期发生额合计填列,或者根据"事业支出——基本支出(其他资金支出)"、"事业支出——项目支出(非财政专项资金支出、其他资金支出)"科目的本期发生额合计填列。

"上缴上级支出"项目,反映事业单位按照财政部门和主管部门的规定上缴上级单位的支出。本项目应当根据"上缴上级支出"科目的本期发生额填列。

"对附属单位补助支出"项目,反映事业单位用财政补助收入之外的收入对附属单位补助发生的支出。本项目应当根据"对附属单位补助支出"科目的本期发生额填列。

"其他支出"项目,反映事业单位除事业支出、上缴上级支出、对附属单位补助支出、经营支出以外的其他支出。本项目应当根据"其他支出"科目的本期发生额填列。

3. 本期经营结余

(7)"本期经营结余"项目,反映事业单位本期经营收支相抵后的余额。本项目应当按照本表中"经营收入"项目金额减去"经营支出"项目金额后的余额填列;如为负数,以"-"号填列。

(8)"经营收入"项目,反映事业单位在专业业务活动及其辅助活动之外开展非独立核算经营活动取得的收入。本项目应当根据"经营收入"科目的本期发生额填列。

(9)"经营支出"项目,反映事业单位在专业业务活动及其辅助活动之外开展非独立核算经营活动发生的支出。本项目应当根据"经营支出"科目的本期发生额填列。

4. 弥补以前年度亏损后的经营结余

(10)"弥补以前年度亏损后的经营结余"项目,反映事业单位本年度实现的经营结余扣除本年初未弥补经营亏损后的余额。本项目应当根据"经营结余"科目年末转入"非财政补助结余分配"科目前的余额填列；如该年末余额为借方余额，以"-"号填列。

5. 本年非财政补助结转结余

（11）"本年非财政补助结转结余"项目，反映事业单位本年除财政补助结转结余之外的结转结余金额。如本表中"弥补以前年度亏损后的经营结余"项目为正数，本项目应当按照本表中"本期事业结转结余"、"弥补以前年度亏损后的经营结余"项目金额的合计数填列；如为负数，以"-"号填列。如本表中"弥补以前年度亏损后的经营结余"项目为负数，本项目应当按照本表中"本期事业结转结余"项目金额填列；如为负数，以"-"号填列。

（12）"非财政补助结转"项目，反映事业单位本年除财政补助收支外的各专项资金收入减去各专项资金支出后的余额。本项目应当根据"非财政补助结转"科目本年贷方发生额中专项资金收入转入金额合计数减去本年借方发生额中专项资金支出转入金额合计数后的余额填列。

6. 本年非财政补助结余

（13）"本年非财政补助结余"项目，反映事业单位本年除财政补助之外的其他结余金额。本项目应当按照本表中"本年非财政补助结转结余"项目金额减去"非财政补助结转"项目金额后的金额填列；如为负数，以"-"号填列。

（14）"应缴企业所得税"项目，反映事业单位按照税法规定应缴纳的企业所得税金额。本项目应当根据"非财政补助结余分配"科目的本年发生额分析填列。

（15）"提取专用基金"项目，反映事业单位本年按规定提取的专用基金金额。本项目应当根据"非财政补助结余分配"科目的本年发生额分析填列。

7. 转入事业基金

（16）"转入事业基金"项目，反映事业单位本年按规定转入事业基金的非财政补助结余资金。本项目应当按照本表中"本年非财政补助结余"项目金额减去"应缴企业所得税"、"提取专用基金"项目金额后的余额填列；如为负数，以"-"号填列。

上述（10）至（16）项目，只有在编制年度收入支出表时才填列；编制月度收入支出表时，可以不设置此7个项目。

三、财政补助收入支出表编制说明

（一）本表反映事业单位某一会计年度财政补助收入、支出、结转及结余情况。

（二）本表"上年数"栏内各项数字，应当根据上年度财政补助收入支出表"本年数"栏内数字填列。

（三）本表"本年数"栏各项目的内容和填列方法：

1. "年初财政补助结转结余"项目及其所属各明细项目，反映事业单位本年初财政补助结转和结余余额。各项目应当根据上年度财政补助收入支出表中"年末财政补助结转结余"项目及其所属各明细项目"本年数"栏的数字填列。

2. "调整年初财政补助结转结余"项目及其所属各明细项目,反映事业单位因本年发生需要调整以前年度财政补助结转结余的事项,而对年初财政补助结转结余的调整金额。各项目应当根据"财政补助结转"、"财政补助结余"科目及其所属明细科目的本年发生额分析填列。如调整减少年初财政补助结转结余,以"-"号填列。

3. "本年归集调入财政补助结转结余"项目及其所属各明细项目,反映事业单位本年度取得主管部门归集调入的财政补助结转结余资金或额度金额。各项目应当根据"财政补助结转"、"财政补助结余"科目及其所属明细科目的本年发生额分析填列。

4. "本年上缴财政补助结转结余"项目及其所属各明细项目,反映事业单位本年度按规定实际上缴的财政补助结转结余资金或额度金额。各项目应当根据"财政补助结转"、"财政补助结余"科目及其所属明细科目的本年发生额分析填列。

5. "本年财政补助收入"项目及其所属各明细项目,反映事业单位本年度从同级财政部门取得的各类财政拨款金额。各项目应当根据"财政补助收入"科目及其所属明细科目的本年发生额填列。

6. "本年财政补助支出"项目及其所属各明细项目,反映事业单位本年度发生的财政补助支出金额。各项目应当根据"事业支出"科目所属明细科目本年发生额中的财政补助支出数填列。

7. "年末财政补助结转结余"项目及其所属各明细项目,反映事业单位截至本年末的财政补助结转和结余余额。各项目应当根据"财政补助结转"、"财政补助结余"科目及其所属明细科目的年末余额填列。

四、附注

事业单位的会计报表附注至少应当披露下列内容:

(一) 遵循《事业单位会计准则》、《事业单位会计制度》的声明;

(二) 单位整体财务状况、业务活动情况的说明;

(三) 会计报表中列示的重要项目的进一步说明,包括其主要构成、增减变动情况等;

(四) 重要资产处置情况的说明;

(五) 重大投资、借款活动的说明;

(六) 以名义金额计量的资产名称、数量等情况,以及以名义金额计量理由的说明;

(七) 以前年度结转结余调整情况的说明;

(八) 有助于理解和分析会计报表需要说明的其他事项。

主要参考资料

[1]《事业单位会计准则》,中华人民共和国财政部令第72号,2012年12月6日发布,自2013年1月1日起施行。

[2]《事业单位会计制度》中华人民共和国财政部2012年12月19日发布,自2013年1月1日起施行。

[3]《企业会计准则——应用指南2006》,中国财政经济出版社2006年版。

[4]《事业单位会计准则条文释义》,中华工商联合出版社2013年版。

[5]《事业单位会计》,中国宇航出版社2013年版。

[6]《事业单位会计实务》,中国人民大学出版社2013年版。